CLÁSSICOS GREGOS & LATINOS

Rio profundo, os padrões e valores da cultura greco-latina
estão subjacentes ao pensar e sentir do mundo hodierno.
Modelaram a Europa, primeiro, e enformam hoje a cultura
ocidental, do ponto de vista literário, artístico, científico,
filosófico e mesmo político. Daí poder dizer-se que,
em muitos aspectos, em especial no campo das actividades
intelectuais e espirituais, a nossa cultura é, de certo modo,
a continuação da dos Gregos e Romanos. Se outros factores
contribuíram para a sua formação, a influência dos ideais
e valores desses dois povos é preponderante e decisiva.
Não conseguimos hoje estudar e compreender plenamente
a cultura do mundo ocidental, ao longo dos tempos,
sem o conhecimento dos textos que a Grécia e Roma nos legaram.
É esse o objectivo desta colecção: dar ao público de língua
portuguesa, em traduções cuidadas e no máximo fiéis,
as obras dos autores gregos e latinos que, sobrepondo-se
aos condicionalismos do tempo, e, quantas
aos acasos da transmissão, chegaram até

CLÁSSICOS GREGOS & LATINOS

Colecção elaborada sob supervisão do Instituto de Estudos Clássicos da Faculdade de Letras da Universidade de Coimbra com a colaboração da Associação Portuguesa de Estudos Clássicos

Títulos publicados:

1. AS AVES, de Aristófanes
2. LAQUES, de Platão
3. AS CATILINÁRIAS, de Cícero
4. ORESTEIA, de Ésquilo
5. REI ÉDIPO, de Sófocles
6. O BANQUETE, de Platão
7. PROMETEU AGRILHOADO, de Ésquilo
8. GÓRGIAS, de Platão
9. AS BACANTES, de Eurípides
10. ANFITRIÃO, de Plauto
11. HISTÓRIAS – Livro I, de Heródoto
12. O EUNUCO, de Terêncio
13. AS TROIANAS, de Eurípides
14. AS RÃS, de Aristófanes
15. HISTÓRIAS – Livro III, de Heródoto
16. APOLOGIA DE SÓCRATES • CRÍTON, de Platão
17. FEDRO, de Platão
18. PERSAS, de Ésquilo
19. FORMIÃO, de Terêncio
20. EPÍDICO, de Plauto
21. HÍPIAS MENOR, de Platão
22. A COMÉDIA DA MARMITA, de Plauto
23. EPIGRAMAS – Vol. I, de Marcial
24. HÍPIAS MAIOR, de Platão
25. HISTÓRIAS – Livro VI, de Heródoto
26. EPIGRAMAS – Vol. II, de Marcial
27. OS HERACLIDAS, de Eurípides
28. HISTÓRIAS – Livro IV, de Heródoto
29. EPIGRAMAS – Vol. III, de Marcial
30. AS MULHERS QUE CELEBRAM AS TESMOFÓRIAS, de Aristófanes
31. HISTÓRIAS – Livro VIII, de Heródoto
32. FEDRA, de Séneca
33. A COMÉDIA DOS BURROS, de Plauto
34. OS CAVALEIROS, de Aristófanes
35. EPIGRAMAS – Vol. IV, de Marcial
36. FILOCTETES, de Sófocles
37. CÁSINA, de Plauto
38. HISTÓRIAS – LIVRO V, de Heródoto

Histórias
LIVRO V

© desta tradução: Maria de Fátima Sousa e Silva,
Carmen Leal Soares e Edições 70, Lda., 2007

Capa: FBA.

Depósito Legal nº 266265/07

Impressão, paginação e acabamento:
Manuel A. Pacheco
para
EDIÇÕES 70, LDA.
Outubro de 2007

ISBN: 978-972-44-1464-5

EDIÇÕES 70, Lda.
Rua Luciano Cordeiro, 123 – 1º Esqº - 1069-157 Lisboa / Portugal
Telefs.: 213190240 – Fax: 213190249
e-mail: geral@edicoes70.pt

www.edicoes70.pt

Esta obra está protegida pela lei. Não pode ser reproduzida,
no todo ou em parte, qualquer que seja o modo utilizado,
incluindo fotocópia e xerocópia, sem prévia autorização do Editor.
Qualquer transgressão à lei dos Direitos de Autor será passível
de procedimento judicial.

Heródoto
Histórias
LIVRO V

Introdução, tradução do grego
e notas de Maria de Fátima Sousa e Silva
e Carmen Leal Soares (Faculdade de Letras
da Universidade de Coimbra)

PREFÁCIO

O Livro V de Heródoto vem agora integrar um conjunto, que neste momento contempla os Livros I, III, IV, VI e VIII. Como vem sendo hábito nesta colecção, resulta de um esforço partilhado: de Maria de Fátima Silva é o estudo introdutório, a textura literária, cultural e política do Livro V de Heródoto, e a tradução anotada dos primeiros 54 capítulos; de Carmen Leal Soares o estudo sobre as póleis gregas: rivalidades e alianças e a tradução e notas dos capítulos 55-126.

O texto que serviu de base à tradução é o da edição teubneriana de H. B. Rosén. As abreviaturas de periódicos, usadas apenas na bibliografia específica, seguem o critério de *L'Année Philologique*.

INTRODUÇÃO

I – A TEXTURA LITERÁRIA, CULTURAL E POLÍTICA DO LIVRO V DE HERÓDOTO

1. Plano geral

O Livro V que, nos nove Livros de *Histórias*, ocupa uma posição de charneira, é também central na articulação das duas grandes linhas temáticas da obra: o crescimento e organização progressiva de um imenso império oriental (I-IV) e a confrontação deste poderio incalculável com a Grécia inteira, asiática e europeia, num conflito de proporções terríveis para ambos os campos (VI-IX)[1]. O crescimento do império persa está consumado com as últimas conquistas na Trácia e Macedónia, que abrem um corredor entre a Ásia e a Europa, e com as intervenções pacificadoras no norte do Egeu; estão reunidas todas as condições para que o conflito entre o oriente e a Grécia estale, não faltando mais do que um simples pretexto à realização de um projecto antigo. A iniciativa das hostilidades parte dos Gregos da Iónia, movidos pelos senhores de Mileto, mas desde logo envolve o continente grego com a participação de Atenas e de Erétria do lado dos revoltosos. Até este momento, em que alcançam ainda uma vitória sobre os Iónios, os Persas somaram sucesso sobre sucesso. Atingem aqui, portanto, o auge da sua curva de prosperidade e de êxito. Mas a presença dos Atenienses, ainda que secundarizada

---

[1] Esta hipótese de leitura sobre a posição e significado do Livro V no conjunto da obra de Heródoto é também defendida por Nenci, *op. cit.*, LV.

pela sua intervenção como meros aliados dos propulsores da campanha, é já um sinal da decadência oriental que inevitavelmente se avizinha. É portanto inegável o significado histórico que cabe a este momento da narrativa. Do ponto de vista literário importa também salientar como, pela insistência em diversos processos que constituem uma convenção permanente no texto de Heródoto, o Livro V é uma peça harmoniosa com o todo da obra pelas componentes narrativas a que deita mão. Um código de sinais a que o leitor de *Histórias* já se habituou facilita uma avaliação calculada dos acontecimentos agora em curso.

É assim relevante que este livro central na narrativa se inicie com os movimentos persas na região do Danúbio, de onde avulta aquele que é o último capítulo etnográfico de alguma amplitude em Heródoto – o referente aos Trácios –, que se insere nas recentes acções de Megabazo na Europa ao serviço de Dario (5. 3-10). Com ele se coloca um ponto final na política expansionista de sucessivas anexações de povos, que permitiu a definição das fronteiras alargadas do império persa. Após esta campanha, o projecto militar de Susa concentra-se em definitivo sobre a Grécia.

Logo Heródoto foca os acontecimentos na Iónia, a começar pelas relações ambíguas entre os tiranos gregos da região e os dois futuros beligerantes: a Grécia na sua totalidade e o oriente. Esta mesma ambiguidade, de posição geográfica e do concomitante relacionamento político, vai produzir um conflito a que subjazem ambições pessoais, questões de poder, jogos instáveis de alianças e acções militares. Este conjunto de elementos configura, também na perspectiva literária, um capítulo desenhado sobre a estrutura habitual em *Histórias* de uma 'campanha'. Mas a iniciativa não cabe, como na maioria dos casos, ao império persa, vem de um inimigo imprudente nos seus objectivos e por isso destinado ao fracasso. A ousadia demonstrada outrora por Creso da Lídia, que décadas antes projectara atacar Ciro quando o império persa conhecia uma primeira fase de estruturação e crescimento, repete-se agora, com arrojo equivalente, num momento em que o inimigo persa atingiu o auge do seu poder. Atacados por um adversário traiçoeiro, em nome de ambições e de desígnios pouco razoáveis, os Persas lograram contra ele uma vitória que não deixou de ser previsível.

A busca de alianças para este projecto nas duas grandes cidades do continente grego – Esparta e Atenas – proporciona a Heródoto a inclusão de um bloco historiográfico, na continuidade daquele que as diligências de Creso, também ele a desenvolver uma política de recrutamento de alianças para atacar Ciro, antes motivara. Este é talvez o clímax de *Histórias*, dedicado a Atenas e àquilo que fez da cidade o adversário número um da Pérsia no mundo grego e o mais temível foco de resistência para o avanço de Xerxes. Esta capacidade foi adquirida por Atenas através da organização política que adoptou, a democracia, a maior conquista recente do mundo helénico. Heródoto desdobra-se, num conjunto variado de recursos literários, para entrelaçar à glória de Atenas uma coroa de homenagem, que é já um triunfo individual e uma promessa de vitória colectiva no futuro. Se medidas as proporções totais da obra de Heródoto, Atenas fica afinal bem ao centro, como o alvo último a atingir e a verdadeira esperança de salvação e de independência para a Europa.

2. O perfil etnográfico dos Trácios

O capítulo etnográfico dedicado aos Trácios, ainda que relativamente sintético (5. 3-10), aborda um conjunto de tópicos que são constantes neste tipo de desenvolvimento. É, em primeiro lugar, a população trácia no seu todo a merecer um comentário, pelo número elevado de seres humanos que contabiliza; só os Indianos – dentro de um raciocínio comparativo que é vulgar em Heródoto – os ultrapassam em quantidade. No caso dos Trácios, a superioridade de intervenção que o número podia garantir está-lhes inacessível por falta de unidade e de organização interna. Como outros povos vizinhos – os Citas nomeadamente, de que o Livro IV deu ampla notícia –, dividem-se em tribos, que diferem mais no nome e na localização geográfica do que propriamente nos costumes, aquele conjunto de práticas que assegura uma comunidade cultural coesa.

Pormenores sobre os rituais associados com o nascimento e morte abrem e fecham o enunciado de um certo número de costumes em geral considerados pelo historiador como pedra de toque na distinção dos diversos povos à face da terra. A saudação da vida com lamentos e da morte com festejos (5. 4. 1-2), ainda que um ritual surpreendente para um Grego, não deixa de se conciliar com um princípio fundamental na cultura helénica, que é aquele que vê na morte a única garantia de estabilidade e de verdadeira ventura para a vida humana (é este um ponto fundamental na filosofia de vida que Sólon defende na entrevista com Creso, 1. 32. 5-7). Mas a morte tem ainda uma outra estranha expressão social, que passa pelo destino das viúvas após o falecimento do marido numa sociedade onde a poligamia é consentida (5. 5; cf. 1. 135). Tal como para os Citas (4. 71. 4), o sacrifício da esposa como ritual fúnebre do marido é praticado entre os Trácios; mais ainda, provoca uma competição entre as diversas esposas e é factor de elevado mérito para aquela que, como dilecta do defunto, recebe a distinção de ser imolada. Uma última referência aos cerimoniais que acompanham a morte (5. 8) dá a esta matéria um lugar de relevo no traçado da comunidade trácia.

Definidas práticas que se relacionam com os pontos extremos da vida humana, do quotidiano alguns aspectos convencionais regressam. A ideia de descendência e a forma como a comunidade entende o seu sentido social e lhe prepara o futuro é, no caso destes povos vizinhos do Danúbio, particularmente chocante no seu pragmatismo. Dos filhos, os progenitores esperam tirar lucro. É frequente a sua venda como produto de exportação (5. 6. 1). A promiscuidade sexual permitida às raparigas (cf. prática idêntica entre os Lídios, 1. 94. 1, e entre os Babilónios, 1. 196. 5) termina com o casamento, que no entanto requer o pagamento de um preço elevado pela compra da noiva. Logo, por todas as vias, a descendência constitui uma fonte de lucro financeiro para as famílias.

No que se refere ao trabalho, a atitude dos Trácios é claramente bárbara (5. 6. 2). Rejeitam-no como um opróbrio, principalmente se pacífico; só as artes da guerra e da pilhagem os dignificam. Uma palavra para as escassas divindades (5. 7) que constituem o panteão trácio: designadas por nomes gregos que possivelmente sugerem os atributos correspondentes, parecem conciliar-se muito bem com o carácter bravio e violento deste povo. Dioniso, como o deus que simboliza o que de mais primário e essencial existe no comportamento humano, Ares e Ártemis como os deuses a quem a ideia de violência, de caça e de pilhagem anda ligada, ou mesmo Hermes como divindade patrocinadora dos lucros, parecem corresponder bem ao que são prioridades no comportamento colectivo dos Trácios.

Como povos limítrofes que são de paragens inacessíveis no tempo de Heródoto, os Trácios definem uma espécie de fronteira do mundo conhecido, a partir da qual sobejam dúvidas e hesitações (5. 9-10; cf. situação idêntica no caso dos confins do território cita, em

4. 16, 25, 27). Mas embora mal informado sobre as características desse espaço, Heródoto tende a imaginá-lo como inóspito, deserto e inacessível por razões de ordem climatérica; numa palavra, guardião zeloso de um verdadeiro desafio colocado à curiosidade do relator de *Histórias*.

3. A revolta dos Iónios – uma campanha suicida

O movimento progressivo de revolta que se vai gerar entre os Iónios tem por objecto o rei Dario, como símbolo de uma autoridade imperialista, e a cidade de Sardes, como pólo do poder persa instalado na faixa costeira da Ásia Menor [2]. A velha capital da Lídia havia-se transformado em capital da satrapia persa da Lídia e no objecto central de uma revolta de natureza política e militar desencadeada pelos Iónios. Talvez até a proximidade e a concorrência que representava, de prestígio e de interesses junto do monarca de Susa, em relação aos outros delegados do Rei e aos senhores das cidades da Iónia tenha posto o sátrapa Artafernes na posição de um alvo prioritário dos revoltosos. É notável ainda pensar que se, no Livro I, a anexação da Lídia e da sua capital constitui para Ciro um arranque decisivo à constituição de um império (1. 84-86), a destruição da mesma cidade venha a significar a ofensa ao poder persa capaz de desencadear uma campanha de há muito projectada contra a Grécia, a que se acrescenta neste momento um cómodo pretexto de vingança. A própria história parece atar em claras simetrias momentos e cenários decisivos para a trajectória dos povos.

Consideremos também aqueles que são, na perspectiva de Heródoto, os incentivadores desta campanha de imprudência e de insucesso, os senhores da poderosa Mileto, Histieu e Aristágoras. Já o desfecho da invasão da Cítia por Dario tinha posto à prova a atitude e o comportamento ambíguo que os Iónios representavam, como população intermédia entre o poder asiático e a Grécia continental. Mais do que posicionar-se num compromisso de neutralidade, pas-

---

[2] J. M. Balcer, 'Persian occupied Thrace', *Historia* 37 (1988) 2, considera Sardes uma espécie de capital do império aqueménida no ocidente da Anatólia, detentora de uma enorme importância na gestão descentralizada do território sob domínio persa nessa região.

sível ainda de ser compreendido da parte de um povo que tinha com a Europa raízes e cultura em comum e com o oriente a proximidade geográfica e os inevitáveis contactos, os Iónios tendiam a solidarizar-se com os interesses persas no que constituía uma traição aos seus parentes gregos. Não se percebe na atitude dos Iónios (por oposição à dos Citas, por exemplo) uma consciência nacional com carácter colectivo, mas a adopção de um comportamento ambíguo ditado por interesses individuais dos tiranos que governavam as cidades gregas da Iónia. Foi com a sua conivência que a marcha de Dario contra a Europa se tornou possível; para além de integrarem a força naval persa, foi da sua responsabilidade a construção de uma ponte sobre o rio Istro que possibilitou ao invasor a travessia (4. 89). E junto do rei não hesitaram em fazer ouvir o conselho que melhor lhe servia os interesses: quando, depois de pisar solo trácio, Dario se preparava para ordenar o derrube da ponte, sem atender às contingências do regresso, Coes, o comandante das forças de Mitilene, ao alertar para os perigos da ordem real, evitava o futuro encurralamento do exército persa na retirada (4. 97). Não menos relevante veio a ser a intervenção de Histieu de Mileto, quando os Citas, em nome da liberdade, tentavam convencer os Iónios guardiães da mesma ponte a derrubá-la e a cortar assim aos Persas a via do regresso à Ásia (4. 136. 3-139. 3); fingindo aderir-lhes à proposta, Histieu preservou no entanto a ponte intacta em nome da segurança das forças e da política de conquista da corte de Dario. As razões que o moviam eram confessadamente de ambição: a autoridade que o Grande Rei exercia sobre a região era favorável aos regimes de tirania instalados nas diversas cidades da Iónia, que, sem esse controle, aspirariam à democracia. Interesses que todos os tiranos da Iónia entendiam e partilhavam. Foi portanto em nome do poder que venderam a liberdade (4. 142). O rei persa não ficou indiferente à intervenção iónica em seu favor e à salvação que garantiu às suas tropas numa situação extrema; por isso prometeu premiá-la com generosidade (4. 97. 6).

Deste mesmo jogo de interesses e de conivências de momento iria germinar a revolta iónica. Muito discutida tem sido entre os estudiosos de Heródoto a falta de isenção e de rigor posta pelo historiador de Halicarnasso no relato que dela faz[3]. Porque baseado

---

[3] Sobre as principais críticas dirigidas à versão que Heródoto dá deste episódio, vide e. g. D. Lateiner, 'The failure of the Ionian Revolt', *Historia* 31 (1982) 129-160;

em fontes adversas aos principais agentes do processo, ou porque pessoalmente decepcionado com os resultados da campanha iónica contra a Pérsia, a verdade é que o balanço geral que Heródoto faz tende a considerá-la uma aventura imprudente, estimulada por indivíduos guiados por mesquinhos interesses pessoais. Se esta é uma leitura injusta e parcial de um rasgo de heroicidade, em prol da libertação de um espaço da soberania pesada do oriente, é questão que continua em aberto. Importa então delinear aqueles que foram, do lado grego, os promotores da crise, os tiranos de Mileto. Ambição, como justificativo de falsidades e traições, parece ser a característica determinante da personalidade e actuação de Histieu. Foi exactamente em Sardes, quando Dario regressava da campanha trácia, que se deu o primeiro passo para o embate grego / persa. Por ironia, tudo começou com o prometido gesto de gratidão do Grande Rei. Histieu pôde escolher a gratificação pelos serviços prestados sempre na mira de uma retribuição, onde a ideia de lealdade ao Rei não parece ter tido cabimento (5. 11. 1). A sua preferência, uma vez que já detinha um poder absoluto sobre Mileto, foi para a região de Mírcino, na Trácia, que desejou possuir (5. 11. 2). Heródoto não faz sobre esta opção qualquer comentário, enunciando-a simplesmente como algo a que Dario acedeu sem reservas. A excessiva e ingénua boa fé do monarca, como a falsidade do Iónio, só mais tarde se tornam patentes do testemunho esclarecido de Megabazo([4]).Voltava o comandante das tropas persas à Ásia, cumprida a missão de que fora encarregado na Trácia, e depara-se com os trabalhos apressados de fortificação que Histieu desenvolvia já no território que lhe tinha sido oferecido (5. 23). Mais clarividente do que o próprio Dario, Megabazo viu na fortaleza que se edificava uma intenção mais profunda do que aquela que a simples edificação de uma

---

J. A. S. Evans, 'Histiaeus and Aristagoras: notes on the Ionian Revolt', *American Journal of Philology* 84 (1963) 113-128.

([4]) Há quem faça deste conjunto de factos uma leitura totalmente inversa. Que a presença de Histieu em Mírcino seria do interesse de Dario, para poder contar com um aliado de confiança num terreno estratégico; que a denúncia de Megabazo é o sinal da rivalidade sempre existente entre os homens de confiança do Grande Rei; e que o convite dirigido a Histieu para ser, em Susa, conselheiro real era de facto uma homenagem aos serviços prestados. A verdade é que o rei acede a um pedido de Histieu que, dadas todas as vantagens que representa, parece longe de ser inocente e isento de qualquer intenção; sem, por outro lado, o mesmo Dario deixar de ser sensível aos argumentos de Megabazo e de tomar, em consequência, as medidas cautelares necessárias.

cidade significaria. E logo a desvendou a Dario sem rebuços; tudo se conjugava para uma cilada contra os interesses persas: a esperteza do Grego, a sua preferência por uma posição estratégica no caminho entre a Pérsia e a Europa; depois as condições naturais da região, rica em madeira e em prata, matérias primas indispensáveis a um investimento naval, que poderia constituir uma ameaça poderosa contra a Pérsia; a somar a uma população numerosa de Gregos e de bárbaros, onde seria fácil recrutar uma força humana aguerrida e disposta a seguir um chefe. Megabazo pressentia os sinais de infidelidade e profetizava a traição latente que os acontecimentos viriam a confirmar. Certo das pretensões ocultas do adversário, sugeriu a Dario uma actuação à medida: adoptar, no mesmo jogo, uma atitude discreta de defesa; afastar Histieu da posição perigosa que tomara em Mírcino e chamá-lo ao convívio real em Susa, na honrosa qualidade de conselheiro régio. A solução respondia à falsidade com a falsidade, à ambição com um convite generoso e uma promoção que, no entanto, punham sob o controle directo de Dario os projectos ousados de Histieu. Coube desta vez ao Iónio fazer o papel do ingénuo e aceder ao que se apresentava como uma homenagem régia, mas era sobretudo um golpe bem sucedido da finura de Megabazo (5. 24). Talvez, no fundo, sentisse que uma recusa fundamentaria as suspeitas do Rei e que a sua presença em Susa lhe daria um conhecimento directo da política da corte e dos projectos para a Iónia, enquanto outros, em seu lugar, podiam sabotar no terreno as intenções persas.

Neutralizada a estratégia ameaçadora de Histieu – a partir daqui com uma actuação relativamente discreta mas sobretudo ambígua na revolta iónica –, a mesma política encontrou em Aristágoras de Mileto um continuador desprovido de escrúpulos e de bom senso, e ainda mais ousado de movimentos. Era Aristágoras um parente de Histieu, a quem coube assumir a regência no poder da cidade durante o afastamento do tirano em Susa (5. 30. 2). E também ele, à semelhança de Histieu, desenvolveu uma estratégia de reforço de poder, aproveitando as circunstâncias que se lhe foram oferecendo. A política do actual senhor de Mileto primou por uma indignidade maquiavélica, nada desprezando num jogo dúbio de alianças que resultassem em seu benefício. Tentou estender a Naxos – então a segunda maior potência da Iónia (5. 28) – as garras da sua autoridade (5. 30. 3), prometendo a um grupo de exilados oposicionistas do governo da ilha o seu apoio com vista ao regresso (5. 30). Ao mesmo tempo tentava envolver na ocupação de Naxos a força e os interesses persas, prometendo a Artafernes, sátrapa da Lídia, a tomada fácil de espaços insulares do Egeu e a consequente gratidão de Dario (5. 30-31). D. Hegyi ([5]) valoriza, sob os motivos sobretudo pessoais de Aristágoras, objectivos de natureza política que importa registar. O regente de Mileto imaginava a campanha contra Naxos como uma expedição de iniciativa iónica, economicamente suportada por Mileto e pelos exilados de Naxos, e dirigida no terreno pela armada iónica; dos Persas esperava um contributo limitado em homens e embarcações. Não o entendeu assim o poder persa, nas pessoas do sátrapa e do próprio rei, que redobraram o número das forças pedidas e responsabilizaram pelo seu comando um parente próximo de Dario, Megábates. Com esta outra medida dada à sua colaboração, os Persas marcavam uma presença de força e reduziam o papel dos Iónios a uma mera posição de subordinados.

Quando, já em plena campanha, as pretensões de uma predominância iónica ou milésia entraram em conflito com a chefia autoritária das tropas persas, o que levou à frustração do projecto da tomada de Naxos (5. 33-35), Aristágoras, para além de ressentido com o seu rival persa, tomou-se de receio pelas consequências do insucesso de um projecto que mobilizara fundos e tropas de uma certa dimensão; não hesitou por isso em inflectir o objectivo político que até aí o determinava – de alargar o seu poder na Iónia pela ocupação de outros territórios –, para se posicionar numa espécie de instigador supremo, à frente dos Iónios, de um assalto ousado contra o trono persa. Circunstâncias de momento puderam tornar persuasivo este plano simplesmente suicida. O descontentamento geral pela pressão exercida pela corte de Susa sobre a Iónia através dos seus governadores no terreno, com a inerente tributação pesada das cidades gregas da Ásia Menor, bem como alguns sinais de debilidade que o mau resultado da campanha cítia de Dario evidenciava no que até aí parecia uma potência intocável, terão contribuído para mobilizar os Iónios. Assim, sob o pretexto louvável de corresponder aos deveres de hospitalidade para com os Náxios e de rejeitar a tirania persa sobre os interesses iónicos, Aristágoras ocultava intuitos de reforço de poder e prestígio pessoais; ou simplesmente, quando os acontecimentos começaram a

---

([5]) 'The historical background of the Ionian Revolt', *Acte Antiqua Hungaricae* 94 (1966) 289.

fluir ao contrário das suas previsões, acalmava os receios de ver posta em causa a sua segurança ou a autoridade que detinha sobre Mileto (5. 35. 1). 'Por coincidência' (5. 35. 2), como se mão divina superiormente corroborasse o rumo dos acontecimentos, Histieu enviava de Susa uma mensagem de incentivo à agitação que já fervilhava em Mileto, vendo nela o único argumento capaz de justificar a sua partida da corte, onde se sentia prisioneiro em gaiola dourada. Pelo menos os motivos de Histieu, ainda que pessoais, parecem mais compreensíveis, traduzindo uma ambição legítima: o desejo de um exilado de se ver de regresso à terra natal. Mas a verdade é que todas as razões se alinhavam para o arranque da campanha.

Delinear os promotores da crise iónica corresponde a estabelecer o habitual motivo das 'causas' que sempre integra a narração de uma campanha. Causa e antecedentes, na perspectiva de Heródoto, somam sempre pretextos políticos com razões meramente pessoais. Mas daquela que é, em geral, a predominância destas últimas, o caso da revolta iónica é com certeza paradigmático. Por isso, o historiador se alonga nos antecedentes, que são a denúncia constante do seu verdadeiro móbil: a ambição maquiavélica dos tiranos de Mileto.

A campanha que se avizinha, organizada como um ataque da iniciativa de inimigos da Pérsia, explode na antiga capital da Lídia, Sardes; não pode assim deixar de evocar como seu modelo directo, na convenção que suporta este tipo de episódios, a expedição de Creso da Lídia, outrora monarca de Sardes, contra uma Pérsia que, sob o comando hábil de Ciro, prosseguia por um caminho seguro para a prosperidade (1. 46-91). Os pontos gerais de contacto são óbvios. Também Creso somou razões, pessoais e políticas, para atacar os Persas, movido pelo desejo de assegurar poder e de controlar um vizinho cujo crescimento se tornava uma ameaça. Foi também a ambição que moveu Creso (1. 46. 1). O império persa, então ainda um projecto em embrião, reagiu com sucesso a um ataque injusto, como no momento actual o grande poder de Dario irá obter resultado semelhante. Para além do facto não despiciendo, dentro da estrutura geral das *Histórias*, de que uma campanha assinala um primeiro passo sensível no crescimento persa e a outra um ponto derradeiro de sucesso no justo momento em que os olhos asiáticos se erguem do terreno que os rodeia, o oriente, em direcção a alvos mais amplos e desafiadores, a Grécia europeia. Logo as duas campanhas colaboram naquela que podemos considerar, em termos latos, a primeira parte da narrativa de Heródoto: a constituição e expansão de um grande império oriental.

Outros pormenores de conteúdo aproximam os dois episódios e outros do mesmo modelo. É chegada a fase dos preparativos que consta, na revolta iónica como em muitas outras campanhas, de uma consulta de opiniões. De entre as hipóteses convencionais numa fase de pré-campanha – a consulta de oráculos como na supracitada expedição de Creso contra Ciro (1. 46-49), ou a reunião de um conselho como fizera, por exemplo, o mesmo Ciro na altura de atacar os Masságetas (1. 206-207) – Aristágoras envereda por uma consulta aos revoltosos (5. 36. 1), o que nos alerta pela primeira vez para a existência de uma vontade colectiva que se harmoniza com a do senhor de Mileto; até então só a iniciativa de Aristágoras parecia impulsionar os acontecimentos. Como é da convenção, uma voz dissonante se ergue, a de um conselheiro sábio e prudente, que tenta opor à opinião da maioria uma reflexão sensata, sem conseguir que a sua proposta prevaleça. Hecateu de Mileto é, neste caso, o tradicional 'conselheiro' (5. 36. 2), na linha de tantos outros como Sândanis junto de Creso na batalha contra a Capadócia (1. 71), ou Creso junto de Ciro na luta contra os Masságetas (1. 207)[6]. Os argumentos do geógrafo de Mileto parecem imbatíveis e repetem dois pontos essenciais no que devia ser uma política sensata para a Iónia: a consciência do risco que a desproporção de forças terrestres representava, já que o soberano persa podia contar com uma multidão de súbditos sob sua autoridade susceptível de recrutamento. Além disso a noção, já muito consolidada no século VI e a que os factos do século V vieram comprovar a legitimidade, de que a supremacia da Hélade estava no mar, cujo controle seria uma poderosa mais-valia a opor a uma inevitável arremetida adversária (cf. 1. 27). E para a concretização desta última política de expansão naval, a antecipar aquela a que Temístocles havia de incentivar Atenas através do uso da prata do Láurion, Hecateu lembrava igualmente onde poderiam encontrar-se os fundos necessários ao projecto: nos tesouros que Creso da Lídia tinha dedicado no santuário dos Brânquidas, perto de Mileto. Parece inevitável que esta proposta, formulada nesta ocasião, imponha remissões para episódios marcantes na vida da Grécia e na história de Heródoto. Em primeiro

---

[6] Sobre a figura do conselheiro nas *Histórias*, *vide* R. Lattimore, 'The wise adviser in Herodotus', *Classical Philology* 34 (1939) 24-35.

lugar, como antes se sugeriu, é importante registar que, num momento em que um primeiro recontro entre a Grécia e a Pérsia se prepara, seja desde logo adiantada a ideia de que o verdadeiro poderio da Hélade está no mar; se a ideia não colhe ainda adesão, não deixa de ser evidente que antecipa o momento climático das Guerras Pérsicas, em que os acontecimentos de Salamina lhe provarão a pertinência. Portanto, a voz profética de Hecateu e a sua proposta unem a revolta iónica à vitória ganha por Atenas, que assinala o ponto de recuo da invasão persa na Grécia que agora se vai despoletar. Mas não me parece também ocasional que o nome de Creso apareça aqui explicitamente mencionado (5. 36. 3), como o de alguém que, com os tesouros um dia depositados no santuário dos Brânquidas consultado por altura dos preparativos da campanha lídia contra a Pérsia, viabilizava um novo ataque contra o mesmo inimigo. Afinal a figura de Creso estava indelevelmente ligada à carreira de Ciro, o primeiro Grande Rei dos Persas; antes de mais pelo ataque que ousara contra a Capadócia, que dera ao senhor de Susa pretexto para conquistar a Lídia e arrasar Sardes, num primeiro passo decisivo para a definição de um poder imperialista no oriente; depois porque o mesmo Creso, ao aconselhar Ciro a atacar os Massagetas e ao fornecer-lhe para tal projecto a estratégia possível – num papel equivalente àquele que agora Hecateu desempenha –, o lançara numa morte precoce e pouco heróica. Logo Creso, nesta hora de crise que se anuncia, está de certa forma de novo activo.

    Decidida a campanha e ouvidas as opiniões favoráveis e contrárias, os preparativos prosseguiram com vista à mobilização de forças aliadas. Os primeiros movimentos de captação de alianças foram desenvolvidos na própria Iónia, junto das diversas cidades, por meios que se revelaram maquiavélicos e arriscados. O dolo conduziu desde logo as diligências de mobilização desenvolvidas na Ásia Menor. Para prevenir qualquer oposição ou fragmentação de vontades entre aqueles que, devedores de benesses concedidas por Dario, tinham sido colaboradores de Mileto na mal sucedida campanha contra Naxos – onde de resto havia também a cooperação de uma força persa –, os revoltosos começaram por lhes aprisionar os chefes (5. 36. 4) numa cilada.

    Além deste aprisionamento de simpatizantes da Pérsia ser um claro desafio ao monarca de Susa, quiseram também os revoltosos que ele tivesse um outro sentido de alcance mais directo para as populações da Iónia. Ao eliminar os chefes que simbolizavam a pressão dos interesses persas, fizeram desabar as tiranias vigentes, indo ao encontro dos anseios democráticos da população (cf. *supra*, p. 14). Para trazer até a esta política uma maior credibilidade, Aristágoras apressou-se a aplicá-la a Mileto (5. 37. 2); mas Heródoto subtilmente, com a denúncia de que as mudanças democráticas anunciadas para Mileto não passaram de promessas verbais, sugere a falsidade demagógica com que Aristágoras conduziu a questão. Sem de facto pôr em causa a sua própria condição de tirano de Mileto, vestiu a pele do democrata, comprometeu as posições dos seus parceiros na chefia das outras cidades, liquidou alguns e deixou às populações ressentidas o cuidado de se desfazerem de outros, e passou a controlar novas autoridades de índole militar, naturalmente sujeitas à sua condição de impulsionador da revolta (5. 38). Sobre uma visível instabilidade que passou a grassar por toda a Iónia, reinava agora incontestada a vontade de Aristágoras de Mileto.

Ganha a adesão dos Iónios, o Milésio partiu à conquista de aliados na Grécia continental, repetindo também neste aspecto as diligências de Creso. Bastava esta sequência para evidenciar um paralelo entre a campanha lídia de Creso e a iónica do tempo de Aristágoras contra a Pérsia, como pontos extremos de um processo intrinsecamente sequencial. Se outrora o espaço dado à história de Atenas e de Esparta impunha a primeira sugestão de um conflito oriente / ocidente que mal se esboçava ainda, a repetição do mesmo motivo neste momento retoma a eterna ameaça para lhe sugerir a iminência. É por isso inevitável o paralelismo entre os §§ 1. 56-64, 65-70 e 5. 39-48, 55-96.

A fase histórica que as duas cidades viviam orienta-se, nesta abordagem, por uma espécie de quiasmo histórico-literário. Creso abordou primeiro Atenas e só por a encontrar submissa aos tiranos, e por isso debilitada e incapaz de colaborar, se voltou para Esparta, então a viver uma época de fortalecimento e revitalização militar. Aristágoras seguiu o percurso inverso. Dirigiu-se primeiro a Esparta, agora um tanto enfraquecida por conflitos constantes com os seus vizinhos mais próximos e incapaz de um projecto político mais aberto, para se encaminhar então para Atenas, orgulhosa da libertação dos tiranos e próspera no seu programa democrático.

A preferência de Aristágoras por Esparta justifica-se, no entanto, pelo enorme potencial bélico de que a cidade era possuidora na altura. Na abordagem dos Lacedemónios que pretendia ganhar para a sua causa, o Milésio não desmentiu o comportamento maquiavélico em que sempre se mostrava hábil. Veio munido de um mapa, o que de si constituía uma surpresa e uma novidade para a Lacónia, e desenvolveu uma argumentação convincente. Heródoto permite-lhe um longo discurso em que expõe todas as vantagens que a campanha pode trazer aos aliados (5. 49. 2-8); antes de mais, depois de adular Esparta com uma alusão ao seu ascendente na Grécia, valoriza o prestígio acrescido que para ela resultará de aderir a uma campanha em nome da liberdade de compatriotas; refere depois a vantagem objectiva da infantaria espartana sobre o potencial persa; não deixa omisso o enorme tesouro que a conquista do oriente próspero pode representar; por fim, encarece a acessibilidade de um enorme território, subdividido entre diversas tribos, mas aberto a uma marcha contínua e imparável do invasor ([7]); e até, a terminar, critica o investimento negativo que para Esparta representam as escaramuças constantes com os povos vizinhos, quando outros esforços bem mais promissores se lhe apresentam. Como bem nota L. Solmsen ([8]), Aristágoras repete em Esparta razões que antes usara junto de Artafernes, em dois discursos que visam um mesmo objectivo, conseguir para uma empresa de resultados duvidosos um aliado útil e poderoso: 'Querendo persuadi-lo a participar numa expedição de finalidade controversa, Aristágoras encadeia com o projecto actual uma série de conquistas vantajosas de que a campanha inicial – num caso o ataque a Naxos, no outro o apoio aos Iónios – é apenas um princípio, conveniente e promissor. À hipótese de um avanço de uma ilha para outra até se atingir Eubeia, usada no apelo a Artafernes, corresponde a da marcha vitoriosa da costa iónica até Susa em 5. 49. A promessa de um sucesso fácil, muito fácil mesmo, é a mesma nos dois discursos'. Com este paralelo sai reforçada a noção de versatilidade, falta de escrúpulo e maquiavelismo político do Milésio. Avultam, das palavras de Aristágoras, as facilidades e os benefícios, dissimulados os riscos. O poder espartano é posto no auge, a resistência persa minimizada. A oferta é substancial, talvez por excesso; por isso esbarra com o laconismo

---

([7]) Cf. igual argumento usado por Creso que pretende incentivar Ciro a atacar os Masságetas (1. 207. 4).

([8]) 'Speeches in Herodotus' account of the Ionian Revolt', *American Journal of Philology* 104 (1943) 199.

prudente de Cleómenes e justifica mais tarde, depois de uma resistência às tentativas de suborno que o Milésio acrescenta aos argumentos retóricos (5. 51. 2), uma recusa liminar. À esperteza do Iónio, pródigo em argumentos de aliciamento, escapou um pormenor. E esse lapso teve a ver com a ignorância de um *nomos*, tantas vezes em Heródoto responsável pela frustração ou insucesso de um objectivo. Aristágoras raciocinava 'à iónica', numa perspectiva aberta a grandes horizontes e seduzível para a aventura de rotas marítimas longínquas. Por isso, não hesitou em confessar ao senhor de Esparta a distância a que se encontrava o objecto da sua ambição, três meses de uma viagem que se contrapunha às bases da mentalidade espartana: a conhecida fraqueza da armada, como a natural tendência para uma política mais regional, de conquista e de controle dos povos vizinhos. Por não ser capaz de avaliar os contornos da sua proposta na perspectiva de Cleómenes, Aristágoras levou de Esparta uma negativa.

Fez então uma abordagem a Atenas, nessa altura a cidade mais próspera da Grécia após se ter visto livre da tirania (5. 55, 97)([9]), e onde um sentimento antipersa estava vivo pela intervenção que o oriente procurara ter em favor desses mesmos tiranos então no exílio (5. 96-97). Logo, à partida, o estado de espírito ateniense era favorável à sua pretensão. Os mesmos argumentos que antes usara em Esparta produziram em Atenas um outro efeito, em função do preconceito de quem os ouvia. Mas – é preciso também reconhecê-lo – a prudência não é virtude das massas, pelo que se torna mais fácil seduzir uma multidão do que um indivíduo isolado. A dar uma tonalidade conveniente à precipitação de Atenas, o próprio texto de *Histórias* sintetiza num só capítulo aquilo que, no caso espartano, se expandia por uma narrativa longa e pormenorizada. Portanto a missão de Aristágoras em Atenas teve êxito na medida em que os esperados reforços foram desde logo atribuídos (5. 97. 2); decisão leviana, mas fundamental para o romper da crise latente entre Grécia e Ásia. Não sobrevalorizemos, porém, esta colaboração ateniense, que não foi mais do que formal. O desagrado perante o comportamento persa no caso de Hípias, como a ligação afectiva com os Milésios (5. 97), foram assinalados com a participação de um pequeno grupo de vinte navios, que de pouco préstimo se mostraram e que retiraram, às primeiras

---

([9]) Cf. *infra*, pp. 26-28.

dificuldades, do campo de luta. A causa comum da liberdade grega não era ainda um incentivo decisivo à mobilização geral.

Finalmente um contacto foi estabelecido com os Peónios, que Dario transferira em bloco da região trácia que habitavam para a Frígia (5. 12-17), com isso ganhando-lhes a animosidade. O objectivo desta última abordagem não comportava razões pragmáticas de natureza militar, como a mobilização de uma força peónia que se juntasse aos revoltosos. O convite aos Peónios limitava-se, na opinião de Heródoto, a sugerir-lhes o regresso à Europa com o objectivo exclusivo de incomodar Dario (5. 98). Este exagero de ressentimento, que tudo empenhava para desagradar ao poder persa sem trazer à força de reacção nenhum reforço concreto, tem o sabor de um jogo perigoso que em nada contribui para um bom resultado. É, por isso, mais um ponto negativo no retrato de Aristágoras de Mileto. Mas M. Lang[10] valoriza outras possíveis intenções subjacentes à estratégia de Aristágoras e que vão ao encontro do interesse milésio de ter na Trácia, em Mírcino, uma posição. A presença dos Peónios, inimigos do Rei, constitui um outro foco de resistência que tornava o poder persa na região do Danúbio vulnerável.

Concluídos os preparativos, chegou a hora de desencadear a luta propriamente dita e de avançar contra o inimigo. Sardes volta a ser o palco privilegiado de uma campanha onde interesses persas estão em jogo. Regressando ainda ao eco distante do desafio que Creso entendeu fazer a Ciro (1. 79-87), algum paralelo parece evidente entre os dois episódios neste momento supremo da luta. A posição das forças em litígio é inversa; os Persas passaram de invasores, sitiantes da capital onde reinava Creso, a invadidos no que constituía a base do seu poder no ocidente asiático. O denodo de cada um dos campos aparece também esbatido. Em vez da determinação de Ciro que marchara contra Sardes à cabeça dos seus homens, como um verdadeiro soberano e militar (1. 79. 2), Aristágoras demitiu-se dessa função, resguardou-se na retaguarda e delegou noutros o comando de uma invasão de que ele era, só nos bastidores, o mentor (5. 99. 2). Por seu lado o invadido, ao contrário do que fizera Creso (1. 79-80), não reagiu para defender o campo que rodeava a cidade; limitou-se a aguardar sob a protecção das muralhas. A sorte de Sardes veio a decidir-se mais uma vez nos limites da acrópole, onde agora o persa Artafernes

---

[10] 'Herodotus and the Ionian Revolt', *Historia* 17 (1968) 31.

comandava uma guarnição poderosa (1. 84, 5. 101). A penetração na cidade foi, desta vez, muito fácil, sem que as inacessibilidades criadas pela fortaleza nem a resistência oposta pelas forças aquarteladas no interior lhe tivessem oposto uma barreira eficaz. O fogo brilhou de novo em Sardes, não o de uma pira onde um vencedor procurava imolar nas chamas da vitória os despojos de uma cidade, encarnados no seu soberano e no corpo jovem da sua população (1. 86. 2). O fogo que agora devorava a capital da Lídia nada tinha de voluntário ou de simbólico de uma vitória alcançada pela valentia e pela determinação. Apenas a vontade de um simples soldado ateara o fogo a construções de cana e assim particularmente vulneráveis ao incêndio (5. 101. 1). E se batalha houve foi tão-só aquela a que a força do fogo obrigou: em fuga, os habitantes da cidadela, Lídios e Persas, viram-se forçados a defender-se de um inimigo que, por sua vez assustado, se apressou a recuar e a pôr-se em fuga também. Nem o grande império persa escreveu nesse dia uma página honrosa de resistência, nem os Iónios escreveram o encómio devido à liberdade. Não se repetiu, entre Persas e Iónios, a lição de vida de que Creso e Ciro foram, também numa Sardes saqueada, eterno paradigma. Sardes marcava apenas um primeiro revés na revolta iónica e o passo inicial de um contra-ataque com que o império persa não deixou de penalizar, uma a uma, as cidades gregas em revolta. Quando os aliados atenienses abandonaram a causa (5. 103. 1) e retiraram, a luta continuou sobretudo orientada pelo desespero dos Iónios, que agora sentiam a ameaça de uma vingança proporcional à imprudência do desafio que tinham feito à soberania de Susa. A terminar a narrativa do Livro V, Heródoto dedica uma palavra a Aristágoras, o grande responsável pelo desastre iminente. Falho de coragem, o tirano de Mileto abandonou a uma chacina impiedosa os que o tinham seguido e correu a refugiar-se em Mírcino, o lugar onde terminou, sem honra nem glória, a existência (5. 124-126) ([11]).

([11]) Sobre a sorte de Histieu, depois de conseguir de Dario autorização para partir de Susa com o pretexto de intervir na pacificação dos revoltosos (5. 106-107), que tem o seu remate para além do Livro V, *vide* G. A. H. Chapman, 'Herodotus and Histiaeus' role in the Ionian Revolt', *Historia* 21 (1972) 546-568; J. A. S. Evans, 'Histiaeus and Aristagoras: notes on the Ionian Revolt', *American Journal of Philology* 84 (1963) 113-128; H. Hegyi, *op. cit.*, 299-302.

4. A próspera democracia ateniense

Da arremetida contra Sardes o rei Dario reservou dois sentimentos (5. 105): o desejo de vingança contra os Iónios e o seu instigador Aristágoras, por quem não deixava de nutrir um certo desprezo; mas sobretudo a curiosidade por esse outro aliado dos revoltosos, os Atenienses, sobre quem pela primeira vez inquiria. Num gesto simbólico, ao ser informado sobre esse novo inimigo, o soberano disparou para as alturas do céu uma flecha e assinou com Zeus um compromisso: 'Zeus, deixa-me tirar vingança dos Atenienses!' Propósito que, a partir desse momento, manteve acordado no espírito como uma prioridade.

Façamos nós também um recuo no curso da história para voltar àquele dia em que Aristágoras partiu a solicitar apoio para a revolta. Heródoto aproveita para retomar o seu relato do passado ateniense e para avaliar as bases em que assentou o ascendente inegável que à cidade então cabia no mundo grego. Atenas ocupa, assim, o centro do Livro V, o mesmo é dizer o centro de toda a obra de Heródoto, e a fase que o historiador privilegia é a conversão de uma cidade dominada por tiranos numa democracia. É este o inimigo que Dario procurava conhecer: a Atenas que soube conquistar a liberdade e impor-se como exemplo de uma cidade de homens responsáveis e conduzidos por um ideal. Com a mudança, Atenas guindou-se ao topo de um verdadeiro progresso e definiu-se como o bastião mais resistente da Grécia (cf. 7. 139. 5). Com ela, também um programa político era trazido à discussão: tirania *versus* democracia.

Na avaliação deste motivo fundamental para a caracterização da supremacia europeia, face a um modelo tirânico ainda sobretudo vigente na Pérsia e em dificuldades para sobreviver na Iónia, Heródoto apostou num conjunto de efeitos literários, de modo a que a forma auxiliasse à valorização do conteúdo. Ao relato propriamente histórico que remonta ao tempo dos Pisístratos, os últimos tiranos de Atenas, ao assassínio de Hiparco e à expulsão, quatro anos passados, de Hípias (5. 55), Heródoto acrescenta desde logo o elemento fantástico sob a forma de um sonho. Este tipo de profecia, que antecede os momentos de conversão profunda na vida dos povos, anunciou para Atenas – e para o futuro europeu até aos nossos dias – a queda dos tiranos e o nascimento de um outro rumo civilizacional. Nos seus contornos, o sonho era particularmente explícito (5. 56). Ocorreu, por circunstância não fortuita, na noite que precedia o cerimonial mais solene das Panateneias ([12]), que foi também o cenário escolhido pelos tiranicidas Harmódio e Aristogíton para perpetrarem o golpe libertador. O dia era simbólico como tempo de festa nacional, mobilizadora de todas as forças da cidade numa homenagem à sua deusa padroeira. A comunidade humana e divina assistiu e sancionou o acto revolucionário. A visão falou pela boca de um homem esbelto e de estatura superior, um verdadeiro *angelos* da vontade divina ([13]), que se não limitou a um anúncio do futuro iminente, antes lhe acrescentou sentido e legitimidade para que deles não restassem dúvidas. Era chegada para o leão – símbolo tradicional do poder – a hora do sofrimento, denunciado na redundância das palavras: 'Suporta, leão, com ânimo capaz de tudo suportar, os males insuportáveis que te esperam'. Tão-só porque a injustiça humana não se isenta nunca da vingança justiceira dos deuses. O sangue que se iria derramar era o de uma violência redentora, que poria fim ao crime para rasgar espaço à luz radiosa da justiça. O tempo da liberdade chegava para Atenas, aureolada pela conivência e aliança divina.

Mas a morte de Hiparco, o irmão do ditador Hípias, não foi senão um primeiro passo, a que outros se vieram acrescentar no sentido da obtenção de uma vitória plena. Pareceu haver até um recrudescimento de crueldade por parte do tirano no poder, Hípias, que exigiu que desta vez os homens tomassem a iniciativa no caminho antes indicado pelos deuses (5. 62). A reacção partiu, num momento posterior, de fora, suscitada pelos melhores Atenienses exilados pela prepotência dos Pisístratos. E para obviar às múltiplas dificuldades que a empresa colocava, os Alcmeónidas envolveram no seu projecto a autoridade de Delfos, onde generosamente dedicaram um templo. Sob o patrocínio de Apolo e graças ao prestígio que o oráculo detinha no mundo grego, a adesão espartana foi conquistada para a causa ateniense ([14]). O que o poder das armas parecia em dificuldade para conseguir – a expulsão dos tiranos de Atenas – foi resolvido pela

---

([12]) Este ocorria no quarto dia das grandes Panateneias, em que se fazia a procissão solene rumo ao Pártenon.

([13]) Nenci, *op. cit.*, 236, vê nesta figura do sonho a imagem fantástica de Harmódio, 'belo e imponente' como aparecia nas estátuas que representavam os tiranicidas.

([14]) Sobre este assunto, *vide* W. G. Forrest, 'The tradition of Hippias' expulsion from Athens', *Greek, Roman and Byzantine Studies* 10 (1969) 277-286.

tyche, quando, por mero acaso, os filhos dos Pisístratos em fuga foram capturados pelos revoltosos que, de posse dos reféns, puderam impor com eficácia as suas condições (5. 63-65). Estava colocado um ponto final na tirania que dominara em Atenas.

A partir desse momento, a cidade iniciou um processo de reformas internas com vista à execução prática das possibilidades que a libertação proporcionava. Clístenes teve nele uma reconhecida intervenção de fundo (5. 66, 69), mesmo assim perturbada por reacções de opositores políticos que, outra vez junto de Esparta, procuraram apoio para a suspensão de um processo que a mesma Esparta ajudara a garantir (5. 70-72). A questão conheceu ainda um agravamento quando cada uma das partes em litígio – os defensores das medidas de Clístenes e os que desejavam um regresso ao modelo tirânico e que contavam com o apoio espartano – se dirigiu ao poder persa como a um aliado decisivo. Caminhavam acidentados os primeiros passos da democracia ateniense; no final, porém, Heródoto podia afirmar sem reservas (5. 78): 'Foi nesta altura que os Atenienses começaram a ganhar projecção', graças ao espírito de zelo e de responsabilidade individual que a libertação trouxera a cada homem. Pelos resultados de uma experiência nunca tão plenamente ensaiada, Atenas convertia-se em modelo supremo das virtudes do regime democrático, no que são os seus princípios fundamentais e viabilização legal.

Com este ascendente, a cidade de Palas ganhava também a desconfiança ou inimizade de alguns dos seus vizinhos gregos e muito particularmente as suspeitas de Esparta já arrependida do seu papel no derrube dos tiranos, ao constatar o progresso concorrencial que vinha da Ática (5. 91). Tentou por isso retroceder promovendo o regresso de Hípias com a aliança dos seus apoiantes gregos. Esta proposta espartana permite a Heródoto uma avaliação, agora comparativa, do que são os comportamentos da tirania e da democracia, contrapondo ao exemplo ateniense a experiência de Corinto, onde a tirania no seu padrão mais puro prosperara ([15]). Atingia, desta forma, o seu pleno desenvolvimento uma questão de fundo que perpassa todo o Livro V, a condenação da tirania.

([15]) Sobre a matéria, *vide* V. J. Gray, 'Herodotus and images of tyranny; the tyrants of Corinth', *American Journal of Philology* 117 (1996) 361-389.

Num longo discurso, Socles de Corinto (5. 92) é a voz da denúncia dos horrores da ditadura, valendo-se, para maior expressividade do seu ponto de vista, da narrativa de ficção. A tese que orienta todo o seu raciocínio não poderia traduzir-se com maior veemência; uma série de *adynata* (5. 92 a), onde os próprios elementos naturais aparecem deturpados, mostram a índole *contra natura* da tirania: 'Por certo o céu passará a estar debaixo da terra, a terra elevar-se-á acima do céu, os homens viverão no mar e os peixes onde antes viviam os homens, no dia em que vocês, Lacedemónios, destituído o regime da igualdade, prepararem a instauração da tirania nas cidades – pois nenhuma das realizações humanas é mais injusta e sanguinária do que este regime'. Os *exempla* com que Socles de seguida abona a sua tese são os da experiência directa de Corinto, as histórias de Cípselo e de Periandro (5. 92 b-e).

O nascimento de Cípselo, embora rodeado de alguns elementos próprios de um fundador de dinastia [16] ou iniciador de uma revolução contra um regime, revela traços que, por destino, o podem marcar como indesejado ou distorcido. O distanciamento em relação ao poder oligárquico dos Baquíades, que então governava sobre Corinto, exprime-se pela deformação física da mãe, Labda [17], parente da família régia, mas por ela repudiada devido à enfermidade de que era portadora. Labda teve de procurar marido fora desse círculo e em outra linhagem, deixando assim em aberto a origem de uma descendência alheia e potencialmente inimiga da autora do repúdio [18]. Sobre o primogénito que tardava em nascer, o oráculo de Delfos ditou a sentença tradicional: 'Labda está grávida, mas vai dar à luz um bloco de pedra; ele que se há-de precipitar sobre os homens que governam sozinhos e castigará Corinto'. De resto não era a primeira vez que um oráculo exprimia este aviso. Já antes, num estilo metafórico mais subtil e de interpretação mais ambígua, o mesmo futuro tinha sido anunciado (5. 92 b 3): 'Uma águia está grávida no

---

[16] De facto, com Cípselo punha-se fim ao poder dos Baquíades para se iniciar a dinastia dos Cipsélidas.

[17] Nome falante, que significa exactamente 'coxa'.

[18] Para alguns estudiosos de Heródoto este é um exemplo falhado, que não denuncia de facto os traços negativos que deviam assinalar o nascimento indesejável de um tirano. *Vide*, sobre esta perspectiva, D. M. Johnson, 'Herodotus' storytelling speeches: Socles (5. 92) and Leotychides (6. 86)', *Classical Journal* 97 (2001) 3-4; K. H. Waters, *Herodotus on tyrants and despots* (Wiesbaden 1971) 13-15.

meio dos rochedos. Dará à luz um leão potente e feroz que irá quebrar os joelhos de muitos'. Verdadeiramente a segunda versão tornava explícita a anterior: a águia progenitora identificava-se com Labda; a pedra, o berço onde a mãe daria à luz, viria a ser a arma de punição, usada por um leão, o tirano ([19]), contra os que o tinham repudiado ([20]). Mas, como bem nota Johnson ([21]), mais do que legitimar o acto de Cípselo, estes oráculos exprimem também o perigo destruidor que um tirano representa.

Conhecedores da ameaça do oráculo para o seu poder, os Baquíades prepararam-se para eliminar o inimigo por altura do nascimento. Dez dos seus apaniguados foram encarregados da missão assassina, mas, apesar da credulidade tranquila de Labda que julgou ver neles amigos a cujos braços podia confiar a criança, os carrascos não tiveram coragem para perpetrar o golpe. Seduziu-os o sorriso inocente do recém-nascido, que disfarçava predestinação, poder e a violência latente do leão ([22]).Quando a frustração da oportunidade perdida os forçou a voltar atrás, o destino não permitiu o crime. 'Estava escrito' (ἔδεε δέ, 92 d) que aquela criança viria a trazer desgraça para Corinto. Por isso a própria mãe, que ouvira oculta a ameaça dos que julgara amigos, salvou o filho oculto numa colmeia (κυψέλη), de onde o nome falante que lhe foi atribuído ([23]). Incapazes de executar a missão de que vinham incumbidos, os dez homens decidiram garantir a quem os tinha enviado que a criança estava morta.

([19]) A profecia do nascimento de um 'leão' como anunciadora da vinda de um político famoso é convencional; refere-se a Péricles, em Heródoto 6. 131. 2, e a Alexandre, em Plutarco, *Vida de Alexandre* 2. 4, por exemplo.

([20]) A substituição do que, no caso do nascimento de Ciro, eram os símbolos usados pelo sonho – a vinha e a inundação – por pedras e por leões sangrentos dá um tom mais agressivo ao que o novo dinasta virá a ser na sua qualidade de tirano. Por outro lado, estas referências simbólicas parecem apontar para a realidade de Corinto. Os pais de Cípselo vivem fora do agregado urbano, numa região designada por Petra, 'Rocha', já na parte alta que domina a cidade. Assim o oráculo de Apolo ganha uma propriedade descritiva, ao declarar que Labda dará à luz uma pedra rolante que vai desabar sobre Corinto.

([21]) *Op. cit.*, 16.

([22]) Johnson (*op. cit.*, 13) recorda que, em Heródoto, os sorrisos exprimem sobretudo a autoconfiança excessiva dos tiranos destinados à ruína. Neste caso, talvez o sorriso seja apenas um disfarce que permita ao tirano ocultar a sua verdadeira natureza até consolidar o poder.

([23]) Sobre o sentido discutível de κυψέλη, *vide* G. Roux, 'κυψέλη. Où avait-on caché le petit Kypsélos?', *Revue des Études Anciennes* 65 (1963) 279-289.

Assegurava-se assim a Corinto a vinda anunciada do déspota; Socles deixava claros a Esparta e aos seus aliados os perigos latentes na tolerância para com os tiranos.

É evidente nesta história a reprodução de traços de que os exemplos de Ciro (1. 107-121) ou de Édipo são paradigma. A ameaça da vinda de um usurpador do poder, como Ciro em relação a Astíages ou Édipo a seu pai Laio, desencadeia uma perseguição. À voz dos oráculos sucede-se a acção criminosa dos homens que julgam poder barrar a força do destino. Astíages e Laio preparam também a morte aos seus descendentes após o nascimento. Mas agentes alheios à sua decisão ocultam e salvam a criança, por compaixão para com o que parece ser um acto horrendo perante a desprotecção de um recém-nascido. Passa-se, no entanto, a notícia da morte consumada, de modo a permitir que o ser predestinado cresça em segurança. Do seu passado, o menino toma muitas vezes um nome simbólico de um destino: assim Édipo, 'o dos pés inchados', ou Cípselo, 'o filho de uma colmeia protectora'.

Mais tarde, já adulto, a criança vem a conhecer o seu destino e a ser estimulada à sua realização, ou por um homem como Hárpago junto de Ciro, ou por um oráculo como o de Delfos, que actua sobre os destinos de Cípselo, como sobre o de Édipo. A Corinto Cípselo impôs, sem contestação, a atitude própria de um tirano: exilou compatriotas seus adversários, confiscou-lhes os bens ou até as próprias vidas, sem que os deuses interferissem, porque os limites da tirania de Corinto previu-os a divindade para mais tarde, duas gerações passadas. Foi entretanto a vez de Periandro prosseguir nas pisadas de seu pai. Mais brando de início, foi-se tornando, com a aprendizagem dos métodos da tirania que observava nos seus iguais (caso de Trasibulo de Mileto) ([24]), cada vez mais cruel. Foi exactamente o senhor de Mileto a demonstrar-lhe, sem palavras, o comportamento político a adoptar. Ao emissário de Corinto que lhe perguntava como manter firme o pulso sobre a cidade, Trasibulo acompanhou-o a uma seara onde se limitou a exibir a resposta: cortar as espigas mais altas que se destacavam do conjunto e lançá-las fora. Aquilo que ao emissário não foi visível – o sentido de um gesto que se repetia sem palavras capazes de responderem explicitamente à questão que lhe era colocada – foi

---

[24] Sobre o poder de Trasibulo em Mileto e a sua amizade com Periandro de Corinto, *vide* Heródoto 1. 17-21. Ainda a respeito de Periandro, cf. 1. 23-24, 3. 48-53.

desde logo claro a Periandro, que os deuses fadaram para a tirania. Não só percebeu, como executou, eliminando a vida a todos os cidadãos superiores de Corinto que tinham escapado à mão assassina do seu progenitor. Se sacrificou os homens à conveniência do poder, saqueou as mulheres coríntias para satisfazer a alma de Melissa, a esposa que tinha eliminado ([25]) e lhe reclamava as honras fúnebres de que a tinha privado. Em todo este caso, Periandro não recua diante de comportamentos extremos, quer na esfera sexual como nas regras sociais, confundindo vivos e mortos, como cidadãs livres e escravas, no mesmo desrespeito.

Relatados os dois episódios modelares do que é a tirania, Socles tira, para o seu discurso, a inevitável conclusão. Se são estes os métodos e os objectivos da tirania – defender, a todo o custo, os interesses pessoais de um soberano que não respeita valores nem mesmo a vida humana –, que os Lacedemónios, nunca tocados por tal pecha na sua história passada, o que constitui para eles justificado motivo de orgulho, revejam a posição que defendem. Em uníssono com Socles de Corinto, todos os aliados se solidarizaram (5. 93. 2): 'Os restantes aliados que até aí se tinham mantido calados, depois de ouvirem Socles falar de forma aberta e livre, tomaram um de cada vez da palavra para apoiar a posição do Coríntio e exortavam os Lacedemónios a não alterar em nada a constituição de uma cidade grega'. Perante o exemplo de Atenas, a Grécia inteira mobilizava-se em torno de uma mesma causa: o repúdio pela tirania em nome de uma liberdade por que todos, em uníssono, aspiravam. A Grécia proclamava o seu projecto de futuro, com Atenas a brilhar como uma luz condutora em direcção a um destino mais perene do que aquele que Socles ou qualquer dos seus apoiantes podia imaginar.

([25]) *Vide* Heródoto 3. 50. A figura de Periandro de Corinto é, nas *Histórias* de Heródoto, algo paradoxal. Por um lado, são nele patentes actos de uma tremenda crueldade, como é o assassínio da mulher (3. 50), o consequente exílio do filho Lícofron que se apercebera deste acto (3. 50-51) e a condenação à castração de trezentos jovens de Corcira em Sardes (3. 48). Mas, por outro lado, o seu comportamento no episódio de Aríon (1. 23-24) é justiceiro e aberto à protecção dos artistas. Mesmo na perseguição a Lícofron não deixa de experimentar sentimentos de um pai afectuoso e de um monarca preocupado com uma sucessão estável para o seu trono. Sobre a controvérsia em torno desta personagem, *vide* J. Stern, 'Demythologization in Herodotus: 5. 92 h', *Eranos* 87 (1989) 13-20.

II. AS *PÓLEIS* GREGAS: RIVALIDADES E ALIANÇAS
(duas formas de convivência política típicas
da história da Grécia)

Um dos capítulos mais fascinantes da história da Grécia Antiga diz respeito à estrutura política, económica e social que dá pelo nome de *pólis*, uma realização grega sem paralelo noutras civilizações suas contemporâneas. Habitualmente traduzido – mais por razões de comodidade do que de rigor científico – em português por 'cidade' ou até mesmo 'cidade-estado', o termo reporta-se a uma realidade de tal forma complexa e abrangente de sentidos diversos que preferimos referir-nos a ela usando a transliteração do vocábulo original: *pólis* (pl. *póleis*). Sem enveredar por uma abordagem longa e detalhada do que entendiam os Gregos ser o sistema de vida dessa forma designado, perspectiva que constituiria uma digressão inapropriada ao propósito desta introdução à problemática do Livro V das *Histórias*, bastará recordar as acepções fundamentais atestadas pelas fontes para *pólis* [1].

Antes de mais, entendia-se como seu elemento constituinte fundamental e identificativo o respectivo corpo cívico, de tal maneira que as *póleis* não eram referidas pelo topónimo, como se faz presentemente (Atenas, Esparta, Corinto, etc.), mas sim pelo etnónimo (os Atenienses, os Lacedemónios ou Espartanos, os Coríntios, etc.) [2].

---

[1] Obras de referência sobre a *pólis*, pormenorizadas em conteúdo e referências bibliográficas, são: Ferreira 1992: 13-39; Finley, M. I., *Os Gregos Antigos* (Lisboa, Edições 70, 1984) cap. IV, 47-52.

[2] Evocando apenas um dos vários testemunhos literários deste sentido, basta citar as palavras proferidas pelo chefe ateniense da expedição movida contra a Sicília

Assume também o sentido de constituição política (gr. *politeia*). Enquanto célula política, toda a *pólis* se estrutura segundo um núcleo comum de instituições (assembleia, conselho e magistrados). Particularmente importante, neste domínio, foi a aposta na autonomia, factor responsável, como se sabe, pelo quase permanente clima de guerra entre as cidades gregas. Repare-se que essa independência política era a tal ponto uma pedra basilar do sistema de *pólis* que as colónias gregas (*apoikiai*), ao contrário do que viria a suceder nas Épocas Moderna e Contemporânea, possuíam instituições autónomas e os seus cidadãos não tinham qualquer vínculo político com a cidade-mãe.

Claro que, além desta independência social, administrativa e política, e por forma a garantir a sua existência como célula autónoma, cada *pólis* almejava realizar o ideal da auto-suficiência a todos os níveis essenciais para ser soberana de si própria, atingindo o estado a que os Gregos davam o nome de *autarchia*. Daí a importância de possuir meios que lhe assegurassem a subsistência económica e a defesa militar das suas fronteiras. Todas as *póleis* agregavam, por isso, ao seu núcleo urbano uma parcela significativa de terrenos agrícolas, o que tornou característico das mesmas um fenómeno hoje excluído da actual noção de 'cidade', a associação estreita entre campo e aglomerado urbano. Quanto aos meios para garantir a integridade dos limites de cada *pólis* contra os avanços dos inimigos, os Gregos fizeram frente a tamanha necessidade de uma maneira simples, isto é, associando de forma inequívoca os direitos e deveres cívicos dos indivíduos às suas obrigações militares. Ou seja, uma peça basilar da estrutura da *pólis* era a figura do cidadão-soldado, imortalizada para a posteridade sobretudo através da bravura e espírito de sacrifício do hoplita espartano, mas generalizada a toda a Grécia ([3]).

(em 415-413), Nícias; por forma a incentivar os seus homens antes do combate decisivo, termina o seu discurso com estas palavras "É que a *pólis* são os cidadãos e não as muralhas nem os barcos viúvos de homens" (Tucídides, 7. 77. 7).

([3]) Particularmente ilustrativos do código de honra do militar espartano são os versos de Tirteu (frg. 6.7 e 9 Diehl, traduzidos por M. H. Rocha Pereira, in *Hélade. Antologia da Cultura Grega*. Coimbra [7]1998), considerado o poeta por excelência do "espírito espartano" (C. M. Bowra, *Early Greek elegists,* New York, reimp. 1969, 39). Sobre e técnica militar da hoplitia e o papel fulcral da guerra para o desenhar do perfil da *pólis* espartana, veja-se: V. D. Hanson, *Hoplites. The classical Greek battle experience* (London 1991); P. Cartledge, "Hoplites and heroes: Sparta's contribution to the technique of ancient warfare", *Journal of Hellenic Studies* 97 (1977) 11-27; Ferreira 1992: 179-183.

Para terminar esta reflexão sucinta sobre o sentido complexo da noção de *pólis*, falta considerar um aspecto não menos importante para os antigos Gregos, mas seguramente um dos mais estranhos à luz da concepção moderna de estado laico. Na época o sistema de vida em causa não se dissociava da religião. Aliás, esta ligação estreita torna-se desde logo visível no reconhecimento universal entre os Helenos de que cada *pólis* tem uma divindade que a protege, como era o caso da deusa Atena, de cujo nome deriva a designação do próprio topónimo Atenas.

Ciosas da sua autonomia e independência, as *póleis* gregas nutriam entre si sentimentos de rivalidade, responsáveis pela sobreposição do particularismo de cada uma a eventuais interesses comuns que as pudessem unir. E foi o desejo de viver em células políticas, sociais e económicas autónomas que fez o povo grego enveredar, em muitas situações, ao longo das Épocas Arcaica e Clássica, pela via do conflito inter-estatal. Não obstante a preponderância dos valores da *autarchia*, acabados de descrever, havia uma série de aspectos determinantes para o surgimento de laços de identidade entre os membros das diversas *póleis*. É precisamente nas *Histórias* de Heródoto que deparamos com a identificação clara dos marcadores de identidade dos Helenos. Como se lê em 8. 144, o que une todos os Gregos é: *ser do mesmo sangue, possuir a mesma língua, os deuses e os ritos sagrados serem comuns, os costumes idênticos.*

Apesar de partilharem um substrato cultural e étnico comum, a verdade é que os Gregos nem mesmo em momentos de crise aguda, como foram as duas invasões do continente grego pelos exércitos dos reis persas Dario (em 490) e Xerxes (em 480)[4], conseguiram esquecer as rivalidades que os separavam para unirem todas as forças contra um inimigo externo, o Bárbaro[5]. Mas os factos históricos narrados no livro V das *Histórias*, de que agora nos ocupamos, são temporalmente anteriores a essas duas guerras. Podemos, mesmo,

---

[4] Os livros VI, VII e VIII dão respectivamente conta das batalhas de Maratona (em 490), Termópilas e Salamina (ambas em 480). Já foram dadas à estampa as traduções, anotadas e comentadas, de dois desses volumes, a saber: Heródoto. *Histórias, livro 6º* (Lisboa 2000), Introdução, versão do grego e notas de José Ribeiro Ferreira e Delfim Ferreira Leão; Heródoto. *Histórias, livro 8º* (Lisboa 2002), Introdução de Carmen Leal Soares, versão do grego e notas de José Ribeiro Ferreira e Carmen Leal Soares.

[5] Obra de referência sobre esta matéria continua a ser Gillis 1979.

considerá-los preparatórios daquelas. A Revolta Iónica, como já foi observado na primeira parte da introdução ao presente livro, serve de pretexto para os ataques vindos do oriente. Os conflitos internos vividos na Grécia entre os finais do século VI e os inícios do V, de que me ocuparei de seguida, permitem perceber melhor as dificuldades levantadas à constituição de uma força armada pan-helénica e a simultânea colaboração de algumas comunidades gregas com o invasor. Mas não é só para uma melhor compreensão das relações das *póleis* gregas com os estados estrangeiros que a narrativa de Heródoto contribui. Também evidentes e substanciais são as informações que nos permitem perceber a caminhada que, ao longo da Época Arcaica, Esparta e Atenas vão delineando no sentido de assumirem a liderança das outras *póleis*, isto é, de se tornarem *hegemones* da Grécia.

O que o historiador nos conta neste seu livro são as origens dessa luta pela hegemonia, destacando tanto as alianças que cada uma delas foi firmando com os estados adversários da outra como as próprias oscilações por que passaram esses acordos. Uma vez que os interesses particulares de cada *pólis* se sobrepunham quase sempre a valores do colectivo, não é raro perceber, ao nível de pactos de apoio inter-estatal, rasgos de oportunismo, que levam, por vezes, a abandonar um aliado. Ou seja, a validade de semelhantes alianças dura enquanto ambas as partes virem interesse nisso, podendo, mesmo, dar-se o caso de o aliado de hoje ser o adversário de amanhã.

Atentemos, agora, na informação que o livro V das *Histórias* fornece sobre o jogo de interesses das *póleis* gregas, conducente à formação de alianças e ao deflagrar de conflitos fratricidas na Hélade.

1 – Esparta: o perfil de uma liderança (in)contestada

Numa época em que poder significava, antes de mais, potência militar, não é de estranhar que recaia sobre Esparta, a cidade-quartel por excelência na Grécia arcaica e clássica, o reconhecimento de ocupar uma posição cimeira na Hélade. Este constituiu, aliás, um dos argumentos evocados por Aristágoras de Mileto para tentar convencer Cleómenes a apoiar os rebeldes iónios contra o persa

Dario (5. 49, 2) (⁶). Valendo-se das vantagens que um exército bem preparado e conhecedor das estratégias militares de ponta (o combate em falanges de soldados de infantaria pesada, os hoplitas) lhe proporciona, a *pólis* da Lacónia procurou garantir, ainda no século VII, a auto-suficiência económica, conquistando as planícies férteis aos seus vizinhos messénios (⁷). Este conflito, confinado então à região do Peloponeso, arrastou-se, no entanto, por várias décadas e trouxe consigo mais dois poderosos inimigos para Esparta, os Arcádios e os Argivos.

a) Rivalidades e alianças no interior do Peloponeso

A alusão sumária de Heródoto (5. 49, 8) aos conflitos travados contra a Arcádia, situada a nordeste da Lacónia, e a Argólida, a noroeste, inserem-se na linha de expansão espartana para as regiões limítrofes, mas revelam uma mudança da estratégia política ofensiva por comparação com o tratamento reservado aos Messénios. Quando Esparta luta pela posse de Tégea, na Arcádia, e de Tírea, na planície da Tireátida, o seu objectivo deixa de ser reduzir as populações locais à condição de escravos ou periecos, uma espécie de "cidadãos de segunda". As fugas de Messénios para a vizinha Arcádia e as sucessivas rebeliões de escravos – os hilotas –, contra o domínio lacónio, haviam demonstrado as inconveniências e instabilidade provocadas por uma política de expansão territorial. Ao voltarem-se contra os Argivos e os Arcádios, os Espartanos estavam a tirar desforço dos amigos dos seus inimigos, pois, não esqueçamos, os Messénios haviam contado com o apoio de ambos os vizinhos por ocasião da sua revolta, em meados do século VII, contra os conquistadores.

No livro I das *Histórias* (1. 65-68), Heródoto deu conta das dificuldades que os Espartanos tiveram de enfrentar para vencer Tégea, *pólis* com uma localização geográfica estratégica, uma vez que

---

(⁶) Essa distinção de ser a líder da Grécia é, aliás, insistentemente proclamada por Heródoto ao longo da sua obra (1. 69, 2; 1. 152, 3; 6. 108; 7. 161, 2; 8. 2, 2).

(⁷) A primeira Guerra Messénia (*ca.* 735-715) consistiu numa luta prolongada entre os Espartanos e os vizinhos Messénios pela posse das planícies férteis destes. Com a vitória alcançada sobre os inimigos, Esparta vê aumentado o seu território e conquista um elevado número de escravos públicos (os hilotas). No entanto, a população escravizada, mais numerosa do que os seus senhores e sujeita a difíceis condições de vida, acabaria por revoltar-se, dando origem à segunda Guerra Messénia (*ca.* 650-620). Vide Ehrenberg 1993: 35-39.

ficava no caminho que ligava Esparta ao Istmo de Corinto, ou seja, a sua conquista permitiria construir um corredor de acesso à Grécia além-Peloponeso. Além disso, porque a Arcádia se encontrava no meio de dois dos seus maiores rivais, os Messénios e os Argivos, Esparta tinha todo o interesse em exercer algum tipo de domínio sobre ela, evitando o reforço inevitável dos inimigos caso as três regiões unissem esforços contra si. Claro que essa localização geográfica conferia a uma Arcádia aliada dos Espartanos o estatuto de barreira defensiva contra eventuais invasores da Lacónia e Messénia ([8]). Embora do texto do historiador possa inferir-se que o propósito dos Lacedemónios com esta campanha não seria apenas vingarem-se dos aliados dos seus inimigos messénios, mas sim transformar as terras férteis de Tégea em propriedade do estado espartano (*kleroi*), a render para os seus cidadãos, e fazer dos seus habitantes hilotas (1. 66), o ataque redundaria num fracasso para a força ofensiva. O que sabemos, no entanto, é que este conflito, tradicionalmente datado de 550, assinala uma viragem na política expansionista espartana, assente agora em alianças que deixam o vencido numa posição de parceiro inferior ([9]). A transladação dos ossos de Orestes de Tégea para Esparta, que teve lugar nessa ocasião, pode ser interpretada como símbolo dessa mesma mudança de política externa, que passa da agressão à subordinação diplomática ([10]). Estava, assim, lançada a semente para a constituição de uma aliança de guerra (gr. *symmachía*) entre várias *póleis* da região do Peloponeso, liderada por Esparta e conhecida por Simaquia do Peloponeso. Daí que, valendo-nos do texto de Heródoto, possamos defender que, à volta do final do terceiro

---

([8]) Aliás o potencial político-militar da região da Arcádia veio a revelar-se em pleno, quando, pouco mais de um século depois, na sequência da batalha de Leuctras (371), os aliados arcádios de Esparta abandonaram a Simaquia do Peloponeso para formar uma aliança própria, conhecida por Simaquia Arcádia. Sobre este assunto, vide Cartledge 1979: 152 sq. e Mossé 1967: 140-142.

([9]) Vide Hooker 1980: 111. Como observa este historiador, embora Heródoto não faça qualquer referência ao envolvimento de outras cidades da Arcádia neste conflito, presume-se que os Espartanos tenham feito pela mesma altura uma aliança com todas as cidades da Arcádia.

([10]) Essa é a interpretação de Cartledge 1979: 139. O autor acrescenta, ainda, que este acto serviu para os Espartanos poderem reclamar o estatuto de sucessores legítimos dos governantes aqueus do Peloponeso e apresentarem-se como campeões da Grécia. Deve ter sido à volta de 550 que se iniciou o culto ao herói Agamémnon em Amiclas, cidade da Lacónia, situada a sul de Esparta, na margem direita do rio Eurotas.

quartel do século VI, os Espartanos *já tinham mesmo submetido grande parte do Peloponeso* (1. 68, 6)[11]. Esse estatuto de potência militar valera aliás aos Espartanos o terem sido escolhidos por Creso (em 546) para aliados na guerra contra Ciro (1. 69, 1).

Também a disputa com os Argivos pela posse da fértil Tírea (1. 82), nos reinados de Anaxândrides, pai de Cleómenes, e Aríston[12], se insere nessa mesma política de controle de posições estratégicas, neste caso no caminho que ligava Esparta a outra grande potência do Peloponeso, Argos. Ao mesmo tempo que toma Tírea (localizada a norte, a caminho de Hísias e Argos), a *pólis* consegue assegurar o controle de toda a zona da costa oriental, incluindo a ilha de Citera. Aliás, esta hostilidade permanente entre Argivos e Espartanos parece ter influenciado de forma determinante não só o destino do rei responsável pela transformação de Esparta na potência máxima no Peloponeso, Cleómenes, mas também a actuação dos Argivos face à invasão persa da Grécia. Disso nos dá conta Heródoto em livros subsequentes das suas *Histórias*. Nos inícios do século V, à volta do ano 494, o rei espartano, segundo o historiador, animado por um oráculo de Delfos, conduz uma campanha contra Argos (6. 76-84). Não chegou, no entanto, a invadir a cidade, tendo-se dado o confronto em Sepeia, nas imediações da costeira Tirinto. A vitória, porém, alcançou-a à custa de um acto sacrílego, o massacre dos inimigos que se haviam refugiado no bosque sagrado de Argos. Os ataques internos à sua liderança começam então a fazer-se sentir. De regresso à pátria teve de se defender da acusação de não ter avançado sobre Argos por se ter deixado corromper com presentes. Segundo as fontes argivas de que Heródoto dispôs sobre o fim de Cleómenes, a sua actuação durante a guerra travada em Sepeia era a razão para o rei se ter suicidado (6. 84, 1). Estes acontecimentos, na versão herodotiana dos factos, constituem a justificação para a recusa dos Argivos em participar na resistência aos Persas ao lado de outras *póleis* gregas, lideradas, é bom não esquecê-lo, pela arqui-rival Esparta (7. 148-149). Embora, na consulta que lhes fazem os embaixadores da Liga do Peloponeso antes da invasão de Xerxes, coloquem como condição para aderir ao partido grego dividirem o comando da força pan-helénica com os Espartanos,

---

[11] As excepções seriam a ilha de Citera, situada no Golfo Lacónico, Argos, Mégara, a região da Acaia e Corinto (Boardman 1988: 350).

[12] Ou seja, entre 560-520.

segundo o historiador semelhante atitude não passaria de um pretexto para se recusarem a uma aliança com a rival (7. 149, 3). Graças ao ataque de Cleómenes, responsável pela morte de seis mil hoplitas, Argos efectivamente padecia de uma carência de soldados de condição livre. Daí que, no acordo que apresentou para colaborar com os Gregos, tenha incluído um tratado de paz com Esparta por trinta anos (período considerado suficiente para se formar uma nova geração de guerreiros adultos). Ao verem rejeitada a primeira das condições impostas (a partilha do comando do exército), os Argivos recusam peremptoriamente tomar o partido helénico, sob a alegação de que preferem ser chefiados por Bárbaros a subordinar-se ao comando dos Espartanos ([13]). Ou seja, as rivalidades internas sobrepõem-se a eventuais interesses comuns à Grécia e abrem a porta a um fenómeno frequente em diversos cenários de guerra ao longo da história do Homem, o colaboracionismo com o inimigo. Note-se, contudo, que o apoio à força invasora não deve ser visto como sinal de genuínos sentimentos pró-persas ou do desejo de uma estabilidade política vinda de fora, capaz de pôr fim às lutas fratricidas das *póleis* gregas ([14]). Conforme observa Heródoto (7. 138), a razão que levava alguns Helenos a pactuar com os Medos, *i. e.*, a "medizar", era garantir a segurança dos seus territórios e respectivos cidadãos. Aliás, a deportação em massa dos Peónios vencidos para a Ásia (5. 15) deve ter funcionado como um recado para outras cidades que tencionassem resistir ao avanço dos Persas contra a Grécia.

b) Intervenções militares e diplomáticas exteriores ao Peloponeso

Com o estabelecimento de uma rede de acordos bilaterais entre Esparta e boa parte das *póleis* do Peloponeso, estão reunidas as condições favoráveis à expansão da hegemonia espartana além-Peloponeso. Será sobretudo através do seu relacionamento com Atenas, muitas vezes envolvendo a intervenção de outras comunidades gregas, que Heródoto nos permite reconstruir o perfil das relações externas de Esparta nos finais do século VI-inícios do V.

As motivações apresentadas pelo historiador para as diversas intervenções armadas dos Espartanos na região da Ática podem

---

([13]) A propósito das relações de Esparta e Argos, vide Gillis 1979: 62, n. 7.
([14]) Gillis 1979: 60-61.

parecer, à primeira vista, contraditórias. Na verdade, embora determinadas por razões de ordem contrária (como são a expulsão dos tiranos e a sua recolocação no poder), as campanhas movidas contra Atenas ou parte dos seus cidadãos encobrem invariavelmente uma causa comum: levar a *pólis* à Liga do Peloponeso, subordinando-a à hegemonia de Esparta. Num espaço temporal que vai de 512 a 503, assiste--se a cinco expedições contra Atenas, importantes para desmitificar a reputação antidespótica de que gozavam os Espartanos, consagrada nas palavras de Tucídides (1. 18. 1), o historiador do conflito sangrento que haveria de opor estas duas grandes *póleis* gregas à volta do último quartel do século V, naquela que ficou conhecida por Guerra do Peloponeso (431-404).

É durante a tirania de Hípias, filho de Pisístrato (célebre pela prosperidade económica e engrandecimento cultural que trouxe a Atenas), que se regista a primeira intervenção dos Espartanos na política interna da *pólis* da deusa Atena. Tal qual os factos apresentados por Heródoto, não se trata de uma iniciativa de Esparta, mas da resposta a um pedido de ajuda. Ou seja, perante a oportunidade de ganhar influência junto de uma parte significativa dos Atenienses, os Espartanos não hesitaram em trair os laços de hospitalidade que os ligavam aos Pisistrátidas, cujo poder estava então bastante debilitado, conforme provou o assassínio de um dos filhos de Pisístrato, Hiparco (5. 62). Acresce, ainda, não esquecer um outro dado revelador da incongruência que é fazer do contributo dos Espartanos para a dissolução da tirania em Atenas uma prova do seu espírito de missão de combate aos regimes tirânicos. A saber: o auxílio que os Espartanos trouxeram à corrente favorável à expulsão da tirania, encabeçada pela família dos Alcmeónidas, não passou de uma alternativa de recurso ao fracasso de uma solução interna. Depois de terem sido expulsos pelos Pisistrátidas de Atenas, juntamente com outras famílias, os Alcmeónidas procuraram regressar à pátria pelas armas, isto é, depondo os seus adversários na luta pelo poder. Embora brevemente (5. 62, 2), Heródoto alude ao combate que os Alcmeónidas e os seus partidários travaram em Lipsídrion, uma fortificação situada na Peónia, a cerca de 20 quilómetros de Atenas, contra os Pisistrátidas ([15]). Só porque esta

---

([15]) A avaliar pelas duas principais fontes de que dispomos sobre este assunto (Heródoto e Aristóteles), a família dos Alcmeónidas fora diversas vezes expulsa por Pisístrato e seus filhos de Atenas. Segundo o historiador (1. 64), os Alcmeónidas

iniciativa falhou é que se voltaram para Esparta, o que faz dela uma segunda escolha ([16]).

Pois bem, a campanha naval encetada em 512/511, sob o comando de um nobre, Anquimólio, e não dos reis – em resposta ao pedido de ajuda de uma facção ateniense antitirânica –, vem apresentada como uma consequência da forte religiosidade espartana. Alegadamente subornada pelos Alcmeónidas, a sacerdotisa de Apolo em Delfos passou a proferir em todas as consultas dos Espartanos sempre o mesmo recado: que tornassem Atenas livre. Teria sido então por obediência às ordens do oráculo que os Espartanos assumiram uma decisão que atentava contra o bom entendimento que exigia a *xenia* (hospitalidade) com os Pisistrátidas (5. 63, 1 e 90, 1). Pegar em armas contra aqueles que até aí eram considerados seus 'amigos' (*xenoi*) não deixou de ser uma aposta num meio diverso – a aliança com os 'inimigos' dos 'amigos' – para obter o mesmo fim: o controle de Atenas ([17]). No fundo tratava-se de uma questão de oportunidade e não do cumprimento do desejo deliberado de depor o regime tirânico. Se até ao momento em que o poder dos tiranos em Atenas começou a baquear, a aliança firmada com a família governante conviera aos interesses de Esparta, a rebelião liderada pelos Alcmeónidas acabou por revelar sobre aquele anterior acordo uma dupla vantagem. Caso a frente de aristocratas opositora dos tiranos depusesse o regime, era de esperar que um sistema político diverso lhe sucedesse. As aspirações de Esparta neste domínio recairiam naturalmente sobre um modelo idêntico ao seu, a oligarquia. Por outro lado, o romper das relações com os Pisistrátidas pode também ser entendido como

---

retiraram-se da cidade depois da batalha de Palene (546/545), conflito que veio permitir a Pisístrato enraizar a tirania. O episódio da batalha de Lipsídrion constitui uma tentativa dos exilados de depor o regime e voltar à pátria. Fracassada esta campanha, só regressariam com Clístenes em 511/510 (5. 73, 1). O Estagirita fala apenas de um exílio, no contexto do regime opressor de Hípias, após o homicídio do irmão (*Constituição dos Atenienses*, 19, 1). Como observa P. J. Bicknell ("The exile of the Alkmeonidai during the Peisistratid tyranny", *Historia* 19. 2, 1970, 129-131, em especial 130), não era forçoso que os Alcmeónidas tivessem saído de Atenas por ocasião da campanha de Palene, uma vez que os seus laços de amizade com os Pisístratos se haviam tornado evidentes por ocasião da primeira tentativa de Pisístrato para restaurar a tirania, em 558/557 (1. 60-61 e *Constituição dos Atenienses*, 14, 4-5).

([16]) Cf. Ehrenberg 1993: 89.

([17]) É essa a contrapartida que Cleómenes confessa retirar da aliança com os Pisistrátidas (5. 91, 2).

um ataque indirecto de Atenas contra a sua arqui-rival Argos. De facto, Pisístrato desposara uma Argiva em segundas núpcias e contara com o apoio de mercenários argivos para impor o seu domínio em toda a Ática ([18]).

Os acontecimentos que envolveram essa primeira expedição de Espartanos, chefiada por Anquimólio contra Atenas, não corresponderam, no entanto, às expectativas criadas (5. 63). Tal como haviam feito os seus adversários, os Pisistrátidas socorreram-se do auxílio militar de forças aliadas, a famosa cavalaria da Tessália ([19]). Esmagado na planície da região do porto de Falero, o contingente de soldados espartanos enviados por mar não pôde inverter o sentido da derrota sofrida pelas forças atenienses em Lipsídrion. Volvidos cerca de dois anos, em 510, nova expedição, desta feita vinda por terra e chefiada pelo próprio rei Cleómenes, ajuda com sucesso à expulsão de Hípias e seus familiares de Atenas (5. 64-65). O anterior aliado tessalo dos Pisistrátidas sofre agora um estrondoso revés, às mãos dos soldados espartanos, o que obriga à sua retirada. No entanto, no que se refere à deposição propriamente dita do tirano, segundo Heródoto esta foi mais obra do acaso do que da força militar vinda de Esparta. Quando, perante a incapacidade para fazer capitular os Pisistrátidas refugiados na Acrópole, os Espartanos se preparavam para retirar, deu-se o caso de conseguirem fazer reféns os filhos de Hípias e serviram-se deles como moeda de troca para exigirem a retirada da Ática do tirano e respectiva família.

Que o desígnio político subjacente a este ataque aos tiranos residiria na possibilidade de instaurar em Atenas uma oligarquia subordinada à hegemonia espartana é uma interpretação que parece confirmada pela terceira intervenção armada de Cleómenes contra a *pólis* ática. Em 508, volvidos dois anos sobre a expulsão de Hípias, Atenas vive um clima de disputa política entre duas facções, ambas lideradas por aristocratas de famílias distintas (5. 66, 70 e 73). À frente da corrente pró-democrática, apostada na dissolução do controle

---

([18]) Boardman 1988: 354.

([19]) Tem-se visto na escolha do nome Tessalo para o terceiro filho de Pisístrato (Tucídides, 6. 55, 1) um sinal inequívoco da aliança firmada entre a casa dos tiranos de Atenas e a casa real da Tessália (Boardman 1988: 361). A Tessália havia de permanecer uma potência considerável na Grécia por mais vinte anos, até 490, a ponto de poder vir a prestar asilo ao seu actual rival, Cleómenes I de Esparta (6. 74, 1).

absoluto das instituições pelos membros das famílias nobres, temos um Alcmeónida, Clístenes. Do lado da aristocracia conservadora, simpatizante com os ideais de um regime oligárquico, encontrava-se Iságoras. É em resposta a um pedido de auxílio deste último que Cleómenes acorre uma vez mais a Atenas com o seu exército. A intervenção do rei espartano surge, de novo, enquadrada por uma aliança, ao que tudo indica de carácter estritamente pessoal: a *xenia* que o ligava a Iságoras desde a sua anterior ofensiva contra os tiranos (5. 70, 1). Embora o número de homens que levou consigo fosse reduzido bastou para, num primeiro momento, levar a cabo uma acção de limpeza de opositores políticos do aliado ateniense. Expulsas de Atenas, em números redondos, setecentas famílias apoiantes de Clístenes (que se retirara de moto próprio), as dificuldades surgem quando o plano de Iságoras e Cleómenes passa por atingir o regime e uma das instituições políticas de cariz popular, o conselho ou Bulê (5. 72). O golpe visava entregar a governação da *pólis* a um grupo de trezentos indivíduos, isto é, constituir uma oligarquia. O fracasso do plano gizado advém da inesperada resistência e oposição dos membros do conselho. Depois de na anterior expedição ter liderado o cerco à Acrópole, Cleómenes vê-se, agora, do lado oposto da barricada, ou seja, dentro das muralhas da Acrópole, rodeado pelos seus opositores. Tal como sucedera anteriormente com os Pisistrátidas, o desfecho revela-se favorável à força sitiante. Cléomenes escapa com vida, mas sorte diversa suportaram os apoiantes de Iságoras, presos e executados (5. 73, 1).

Se, conforme parecem indicar todos os dados, Cleómenes traiu a aliança com os Pisistrátidas na esperança de ver instaurada uma oligarquia em Atenas, liderada por Iságoras, a verdade é que a recente humilhação da tomada da Acrópole e o poder crescente do povo na vida política da cidade de Palas Atena vieram demonstrar o seu erro de cálculo. Como observara Heródoto no início do capítulo 66, *Atenas, que já antes era poderosa, depois que foi libertada dos tiranos, tornou-se ainda mais poderosa*. Afinal o regime tirânico, na medida em que limitara as ambições políticas de Atenas, em termos de domínio externo sobre as outras *póleis*, voltou a afigurar-se a Cleómenes e aos Espartanos uma opção não a extinguir, mas a viabilizar. Daí que cerca de dois anos mais tarde, em 507/506, a Ática volte a ser atacada por Cleómenes, desta feita com o propósito de colocar de novo um tirano em Atenas, o seu 'amigo' (*xenos*) Iságoras (5. 74-75).

Valendo-se da hegemonia que adquiriram entre as *póleis* do Peloponeso, é a primeira vez que os Espartanos avançam sobre a Ática acompanhados por forças da Simaquia do Peloponeso. A campanha ofensiva foi ainda concertada com mais dois contingentes aliados da Grécia central, os Beócios e os Calcidenses, estes últimos naturais de Cálcis, *pólis* da costa ocidental de Eubeia, fronteira à Beócia. Os contornos de que se reveste a estratégia de Cleómenes são particularmente reveladores do tipo de poder que então detinha Esparta no seio da Simaquia do Peloponeso. Encontravam-se já as forças da aliança em pleno campo de batalha, na planície de Elêusis, quando os Coríntios decidiram retirar-se, gesto seguido pelo segundo rei espartano, Demarato, e pelos restantes aliados. Não há em Heródoto qualquer informação que faça supor que sobre os dissidentes recaíram quaisquer penalizações. Ou seja, o que o episódio atesta é que, nos seus inícios, assistia aos membros da Simaquia paridade de direitos e não havia a imposição de serem seguidas as deliberações dos Espartanos empossados no comando do exército. Ao que tudo indica, a Simaquia teria surgido, então, de uma série de acordos bilaterais entre Esparta e outras cidades do Peloponeso, todas hostis a Argos. Apenas no decurso do século V se teria verificado a substituição dessas alianças parcelares por um pacto colectivo, assente sobre a promessa de apoio mútuo. Na prática a nova modalidade do acordo significaria "ter os mesmos aliados e inimigos que Esparta" (Mossé 1967: 121), *i. e.*, seguir Esparta para onde quer que ela determinasse.

Em suma, nas suas origens, como se percebe, a Simaquia do Peloponeso não se baseava no poder incontestável de Esparta. Aliás poderá atribuir-se ao respeito pela opinião dos restantes aliados e ao receio dos perigos que nova dissensão pudesse acarretar para a reputação de potência militar dos Espartanos a responsabilidade pela alteração introduzida dois anos mais tarde no funcionamento da Simaquia. De facto, em 504/503, Cleómenes não abandonara o projecto de colocar à frente dos destinos políticos de Atenas um tirano da sua confiança. As reformas recentemente introduzidas por Clístenes na constituição dos Atenienses conferiam poderes crescentes ao povo, política que contribui de forma evidente para a projecção além fronteiras da própria *pólis*. Dessa mudança nos dá conta Heródoto, quando escreve:

É evidente – não por uma única razão, mas por todas – que a liberdade é um bem precioso, pois se os Atenienses, durante o regime tirânico, não eram guerreiros em nada inferiores aos seus vizinhos, quando expulsaram os tiranos tornaram-se de longe os melhores.

(5. 78)

Desejosos de inverter uma situação que deixava adivinhar o aparecimento de mais uma poderosa rival no tabuleiro da política interna grega, os Espartanos apoiaram o plano do seu rei de reinstalar Hípias como tirano em Atenas. O historiador insiste, novamente, nas motivações que os animam, ao escrever:

Quando os Lacedemónios se viram na posse dos oráculos e perceberam que o poderio dos Atenienses crescia, mas que estes não estavam dispostos a sujeitar-se aos seus desígnios, e compreendendo que as gentes da Ática, se tivessem um estado livre, conseguiriam equiparar-se a si, mas que, sob o jugo da tirania, seriam débeis e submissos, ponderados cada um destes factores, os Espartanos mandaram chamar do Sigeu, no Helesponto (lugar para onde se tinham refugiado os Pisistrátidas), Hípias, filho de Pisístrato.

(5. 91, 1)

Recordados provavelmente do desaire da anterior campanha, destinada a fazer de Iságoras tirano de Atenas, os Espartanos convocam a primeira assembleia da Simaquia do Peloponeso de que nos falam as fontes. Reunidos os delegados das várias *póleis* aliadas, Cleómenes põe à discussão a sua proposta, a qual merece desde logo, e uma vez mais, a oposição frontal dos Coríntios. Numa longa fala, Socles apresenta as maleitas da tirania, o regime que tanto sofrimento causou aos seus compatriotas, argumentos suficientes para votar contra a campanha apresentada. Esta posição, ao ser seguida pelos restantes representantes da aliança, inviabiliza a realização do projecto e dá prova, de forma clara, das limitações de poder com que se defrontou Esparta nos primeiros anos da Simaquia. Em termos práticos, verifica-se que as decisões eram tomadas por maioria, assistindo a esta o direito de veto.

2 – Atenas: à conquista da hegemonia

Também Atenas constrói a sua teia de alianças, por forma a enfrentar os ataques de outras *póleis* adversárias. Assim procedeu sob os Pisístratos, como vimos acima, solicitando o auxílio dos Tessálios para enfrentar a infantaria espartana. Os pactos de colaboração militar visavam, ao que sugerem as fontes, fortalecer as partes na sua capacidade de enfrentar um inimigo em concreto. É o que se depreende dos esclarecimentos dados por Heródoto sobre a aliança estabelecida cerca de 508/507 entre Atenienses e Persas (5. 73). A escolha de um aliado além-mar foi determinada precisamente pelo facto de ser conhecida a sua inimizade aos Lacedemónios e em especial ao seu rei Cleómenes. Firmado sob iniciativa de Clístenes, o pacto com o sátrapa de Sardes, Artafernes, terá, no entanto, contado com a antipatia de uma parte significativa dos Atenienses e viria a ter uma curta duração [20]. Provas da violação desse tratado de ambos os lados são desde logo o acolhimento que os Persas deram a Hípias, quando ele foi expulso de Atenas, e o apoio prestado pelos Atenienses aos Iónios por ocasião da Revolta Iónica contra os Persas. No entanto, convém não esquecer que este tratado de finais do século VI seria apenas o primeiro do género. Outros se lhe seguiriam, invariavelmente condenados ao fracasso, quer por iniciativa grega quer persa [21].

Mas o poder crescente de Atenas no panorama da política interna grega, no final do século VI-ínicio do V, torna-se sobretudo evidente na sua capacidade para tomar a iniciativa de combates, que resultam em vitória, e para fundar colónias de cariz imperial. Assim, em retaliação pela ofensiva dos Beócios e dos Calcidenses em 506, por ocasião da *supra* referida invasão fracassada de Cleómenes, os Atenienses atacam e vencem num mesmo dia as duas forças rivais (5. 77). Derrotados na zona do estreito do Euripo, fronteiriça à ilha de Eubeia e à *pólis* de Cálcis, os Beócios sofrem a humilhação de serem vencidos, dano inferior ao suportado pelos vizinhos Calcidenses. Segundo informa Heródoto, parte do território destes últimos acabou

---

[20] A. E. Raubitschek considera mesmo que, quando Heródoto conta que os embaixadores que firmaram a aliança foram gravemente penalizados ao chegarem a Atenas, o historiador estaria a referir-se aos Alcmeónidas Mégacles e Xantipo, ambos alvo de processos de ostracismo ("The treaties between Persia and Athens", *Greek, Roman and Byzantin Studies* 5, 1964, 151-159, em particular 153).

[21] Sobre este assunto, vide A. E. Raubitschek, *op. cit.*, 159.

por lhes ser usurpado e passou a propriedade de quatro mil colonos atenienses. O significado político destas campanhas vem devidamente assinalado pelo historiador, para quem *foi nesta altura que os Atenienses começaram a ganhar projecção* (5. 78). Aliás, essa mesma ideia do poder crescente de Atenas será utilizada também por Cleómenes para convencer os aliados a apoiar o seu projecto de colocar Hípias à frente dos destinos da rival. Como se pode constatar, abona a sua proposta com o exemplo dos prejuízos infligidos precisamente aos aliados da Beócia e de Cálcis: *Senhora de si, [Atenas] cresce em poder, conforme já se aperceberam sobretudo os vizinhos, os Beócios e os Calcidenses* (5. 91, 2). Para percebermos melhor a mudança de rumo das relações externas de Atenas, orientada para a conquista de uma hegemonia imperialista na Hélade, convém caracterizar brevemente as formas de colonização então praticadas.

O modelo de colónia mais antigo, designado por 'casa distante' (*apoikia*) e que vigorou entre os séculos VIII e VI, obedecia a princípios de autonomia e independência que faziam das colónias *póleis* distintas do ponto de vista político, económico e militar, em relação à cidade-mãe, a metrópole [22]. Não obstante essa *autarchia*, os cidadãos de ambas as cidades continuavam unidos por laços culturais e religiosos (partilhavam a mesma língua, as tradições, os deuses e respectivos cultos). A situação altera-se quando se assiste à usurpação de territórios a populações locais, muitas vezes reduzidas à escravatura pelos novos ocupantes. Para aí eram enviados da cidade-mãe os novos senhores, colonos que recebiam o nome de *clerucos*, uma vez que lhes era atribuída uma parcela de terra (*klêros*), da qual deveriam tirar o sustento suficiente para manter o equipamento de um soldado de infantaria, o hoplita. Ou seja, embora este tipo de colónia, a *cleruquia*, possuísse uma administração local desenhada à imagem das cidades--mãe (com uma assembleia, um conselho, magistrados e tribos), os indivíduos que para aí tinham sido enviados e os seus descendentes continuavam a ser cidadãos da *pólis* de onde haviam partido e constituíam uma espécie de guarnição militar permanente [23]. Não restam,

---

[22] Sobre a colonização inicial, vide Boardman 1990; J. Boardman, *Los Griegos en ultramar: comercio y expansión colonial antes de la era clásica* (trad. esp. de Antonio Escohotado), Madrid, 1986; G. L. Cawkwell, "Early Colonisation", *Classical Quarterly* 42. 2 (1992) 289-303.

[23] Sobre as cleruquias, cf. P. Gauthier, "Les clérouques de Lesbos et la colonisation athénienne au V${}^{\text{ème}}$ siècle", *Révue des Études Grèques* 79 (1966) 64-88.

por conseguinte, dúvidas quanto aos propósitos imperialistas que impulsionam esta nova vaga de colonização. Foi uma colónia deste tipo a que os Atenienses estabeleceram em Cálcis.

Ainda durante a tirania de Pisístrato, já Atenas procurara estender o seu domínio para além do próprio Mar Egeu. Não se tratara de fundar uma colónia, mas de recuperar da posse temporária de outra *pólis* grega, Mitilene na ilha de Lesbos, uma *opoikia* de fundação ateniense (5. 94-95). Situada na Tróade, em local próximo da entrada do Bósforo, a cidade do Sigeu poderia servir de base de controle das rotas comerciais de Atenas para o Mar Negro. Embora não possamos afirmar nem negar que esta motivação económica pesou na decisão de Pisístrato de abrir a disputa pelo Sigeu, deverá, certamente, ser um dado a ter em conta quando consideramos "a multiplicidade das intenções do tirano neste caso complexo" (Viviers 1987: 21). Porém as motivações fundamentais do governante terão sido, sobretudo, de carácter político-estratégico, antes de mais de amplitude pessoal, mas com inevitáveis repercussões ao nível colectivo da *pólis* [24]. Antes de passarmos à análise do significado da conquista do Sigeu, convém começar por esclarecer a controvérsia cronológica que lhe está associada.

Embora Heródoto indique que o fim dos prolongados confrontos armados entre as duas *póleis*, Atenas e Mitilene, surgiu pela via diplomática, isto é, através da deliberação de um árbitro considerado idóneo por ambas as partes, Periandro de Corinto, a verdade é que este não podia ser contemporâneo de Pisístrato. O historiador deve ter amalgamado dois momentos distintos de um conflito de longa duração. A fundação ateniense do Sigeu terá ocorrido em finais do século VII, mas enfrentou a oposição dos Mitileneus, que dominavam a maior parte da região. Ter-se-ia verificado, nessa ocasião, a intervenção do tirano coríntio [25]. Insatisfeitas com a deliberação do juiz

---

[24] A análise que se segue é em especial devedora do estudo de Viviers 1987: 5-25.

[25] Aliás esta imagem do tirano sábio coincide com a tradição grega que fazia dele um dos Sete Sábios. Embora seja difícil estabelecer um grupo fixo de nomes para essa listagem de sapientes, C. Ungefehr-Kortus (in *Anacharsis, der Typus des edlen, wisen Barbaren*, Frankfurt am Main 1996, 53) indica quatro figuras incontestáveis desse elenco (Sólon, Bias de Priene, Pítaco de Mitilene e Tales de Mileto); acrescenta que Cleobulo, Quílon, Míson e Periandro disputam o 5.º e 6.º lugares, e que o 7.º lugar é o que oferece mais flutuações (incluindo-se aí nomes como os de Epiménides, Anacársis, Ferecides e Acusilau).

49

da contenda, as gentes de Mitilene mantiveram a pressão sobre o Sigeu, que tomaram por volta do segundo quartel do século VI. Foi esta conquista que originou a intervenção de Pisístrato, cerca de 540-535, da qual dá conta Heródoto neste livro V das suas *Histórias*.

O que levou o tirano de Atenas a intervir numa disputa que tinha lugar tão longe da sua *pólis*? Várias são as razões que podem ser apontadas. E é no texto do historiador que devemos buscar os seus indícios. Informa o autor que, após a reconquista do Sigeu, o governo foi entregue a um filho bastardo de Pisístrato, nascido da união com uma argiva. As relações do tirano com Argos traduziam-se não só nesta política matrimonial, mas numa aliança militar, que aquela mesma união permitira cimentar. Essa aliança política já dera, aliás, os seus frutos, quando, em 546-545, o tirano pudera contar com o auxílio de mercenários de Argos na batalha de Palene. Sendo o primeiro beneficiário da campanha em Sigeu, Hegesístrato, nascido do casamento de Pisístrato com a Argiva, um bastardo, isto é, um Argivo e não um Ateniense, podemos aceitar que o tirano pretendia saldar uma dívida de gratidão para com os aliados de outrora. Claro que não se pode reduzir a tomada da *pólis* a um simples *affair* pessoal. O acontecimento tomou, seguramente, uma dimensão pública, pois tratava-se de entregar de novo o Sigeu aos Atenienses, de uma vitória de Atenas sobre outra *pólis* rival, Mitilene. Ao mesmo tempo, convém não esquecer que o prestígio militar alcançado com esse sucesso acabaria por traduzir-se na consolidação do poder do tirano em Atenas.

Em suma, as alianças pessoais do tirano determinam a orientação da política externa de Atenas, contribuem para o poder crescente da *pólis* e traduzem uma mentalidade típica dos regimes ditatoriais: a identificação dos interesses pessoais do governante com os interesses da cidade e/ou pátria.

Atenas há-de continuar a dar mostras de apoio aos seus colonos da Ásia Menor, desta feita numa campanha que havia de ter repercussões sérias no mundo então dito grego e bárbaro. Estamos, naturalmente, a referir-nos ao auxílio militar prestado aos Milésios por ocasião da Revolta Iónica. Esta aliança, na medida em que é feita contra os Persas e pelo contributo que deu à tomada de Sardes, denuncia, como vimos, o fim de um acordo anterior entre Atenas e a Pérsia. Ou seja, os 'amigos' de outrora (5. 73) passam a ser os 'inimigos' de agora (5. 97). Ao contrário do que fez Cleómenes de

Esparta, o povo de Atenas deixou-se convencer pelos argumentos do Milésio Aristágoras e decidiu ajudar os Iónios na revolta contra o poderio de Dario. Tendo em conta o percurso subsequente da história, Heródoto pode fazer a seguinte análise à atitude colaboracionista dos Atenienses com Mileto, enviando-lhes um contingente naval: *Esses navios foram o gérmen da desgraça tanto dos Gregos como dos Bárbaros* (5. 97, 2). Torna-se, assim, perfeitamente evidente a importância que as alianças inter-estatais gregas exerceram sobre as relações externas da Hélade com o mundo dito bárbaro.

3 – Tebas: a disputa com Atenas

Os conflitos entre as várias *póleis* gregas têm muitas vezes na sua origem uma luta anterior, que motiva o desejo de vingança por parte do adversário vencido. Esse é o contexto do ataque movido pelos Tebanos contra a Ática (5. 79). Os Tebanos, na sequência da derrota sofrida às mãos dos Atenienses – quando estes, também desejosos de vingança pela humilhação de perderem território para os Beócios (5. 74, 2), avançaram sobre as suas tropas na região do Euripo (5. 77) –, preparam uma retaliação armada contra o inimigo. Impunham os preceitos da religião grega que, antes de se iniciar um combate, fosse consultado o oráculo de Apolo em Delfos sobre tão delicada questão. A resposta da Pitonisa incide precisamente sobre a necessidade de Tebas encontrar apoio numa aliança militar com aqueles que lhe estavam mais próximos (5. 79, 1). Numa primeira leitura do vaticínio, entendem os consulentes dever dirigir-se aos seus vizinhos, isto é, os habitantes de Tânagra (a este), Coroneia (a oeste) e Téspias (ao sul). Tratava-se, portanto, de activar os aliados da chamada Liga Beócia, medida que seria natural esperar de Tebas, a *pólis* que liderava, a norte, a Liga. Embora esta não tenha sido a interpretação correcta do oráculo, convém proceder, ainda que brevemente, a uma apresentação dos principais dados que possuímos sobre esta aliança militar [26].

Os acontecimentos a que se reporta Heródoto datam de 506//505, no entanto, outros dados desta mesma fonte indicam que a fundação da Liga teria ocorrido à volta de 520. Desta datação é indicadora a referência mais antiga que os textos nos fornecem sobre

---

[26] Sobre a Liga Beócia, vide Buck 1979, em especial caps. 6, 7 e 8.

a sua actuação (em 519), e que diz respeito à tentativa fracassada dos Tebanos para forçarem os cidadãos de Plateias a juntarem-se à Liga dos Beócios [27]. Já nesta ocasião Tebas contara com a hostilidade de Atenas, aliada dos Plateenses. Na verdade, os Beócios, no século VII, encontravam-se encaixados entre dois rivais que não podiam ignorar, os Tessálios, a norte, e os Atenienses, a sul. Não esqueçamos que, por ocasião da primeira tentativa dos Alcmeónidas de expulsar os Pisistrátidas, iniciativa que tentam levar a cabo ainda sem o auxílio de Esparta, a animosidade de Tebas para com Atenas e os Tessálios ficara implícita (510). Na verdade, embora não tenham pegado em armas ao lado dos revoltosos, permitiram-lhes usar o seu território como base para o ataque fracassado em Lipsídrion. A aliança vencedora, como sabemos, foi a dos Pisistrátidas com os Tessálios.

Retomemos o livro V das *Histórias*. Quando se voltam a envolver em guerra com Atenas (5. 79-81), é natural que os Tebanos considerem como aliados naturais aqueles que lhes estão mais próximos em termos geográficos e até militares, as *póleis* que integram a Liga Beócia (Tânagra, Téspias e Coroneia). Contudo, o registo enigmático próprio dos oráculos exigia uma decifração diferente. Como acabaram por perceber, a aliança que deviam buscar era com uma *pólis* próxima do ponto de vista lendário. Segundo o mito, Tebas e Egina eram nomes de duas ninfas irmãs, ambas filhas do rio Asopo, estando, por conseguinte, Apolo a referir-se a proximidade de sangue e não geográfica. Por detrás desta afinidade 'natural' entre Tebas e a ilha de Egina estaria certamente um laço comum tão ou mais forte do que o parentesco, a rivalidade com Atenas. Na verdade, o estatuto de potência marítima na região do Golfo Sarónico, onde se situavam os portos de Atenas (Falero e, mais tarde, o Pireu), conferia a Egina o controle das principais rotas do comércio externo da região, tornando-a uma concorrente de Atenas. Mas sobre a rivalidade entre estas duas *póleis*, de que a colaboração de Egina com Tebas é testemunho evidente, falaremos no ponto seguinte. De momento importa perceber que nos finais do século VII Tebas não só tinha a hegemonia na Liga Beócia, como era capaz de tomar iniciativas militares com outros aliados que melhor servissem os seus objectivos. Não obstante os aliados eginetas terem sido responsáveis por graves danos causados no porto ateniense de Falero, a verdade é que os Tebanos não conseguem

---

[27] Testemunhos de Heródoto (6. 108) e de Tucídides (3. 61, 2).

impor-se aos adversários. Aliás, depois de terem saído vencidos de um primeiro confronto sem a colaboração das tropas eginetas, os Tebanos não são referidos por Heródoto como vencedores. O destaque vai para os aliados, como veremos de seguida.

4 – Egina: rivalidade ancestral com Atenas

A propósito da colaboração dos Eginetas no ataque dos Tebanos a Atenas, em 506, Heródoto faz uma breve retrospectiva sobre as origens da inimizade entre as gentes da ilha e a *pólis* de Palas Atena (5. 82-89, 1). Esta digressão relata acontecimentos que, embora não sejam passíveis de datar, são reveladores das implicações económicas dos conflitos inter-estatais na Grécia, bem como do constante recurso a forças aliadas para a resolução de conflitos externos.

Quer os Atenienses quer os Eginetas eram unânimes em atribuir a origem da sua *ancestral inimizade* (*échthrés palaiês*, 5. 81, 2) a um desentendimento relacionado com as estátuas de duas divindades femininas de Epidauro, Dâmia e Auxésia. A pólis de Epidauro entra nesta história, como veremos, devido aos laços que a ligavam à sua colónia Egina. Defrontando-se a metrópole com um problema de infertilidade do solo, fez uma consulta a Apolo, por forma a obter uma resposta que invertesse a crise vivida. O remédio para os seus males estava na consagração de estátuas às referidas deusas. Havia, no entanto, que cumprir um preceito muito concreto para que o voto fosse bem sucedido: utilizar a madeira de oliveira na sua construção. Os Epidáurios conseguiram que os Atenienses lhes dispensassem a matéria-prima exigida, mediante a condição de todos os anos efectuarem sacrifícios a Atena e Erecteu (5. 82).

Os Epidáurios, no entanto, por razões alheias à sua vontade, acabaram por cair em incumprimento, situação que originou um ataque armado à verdadeira responsável pela falta cometida contra os deuses dos Atenienses, Egina. Na verdade, a ilha, animada pelo domínio alcançado nos mares (5. 83, 2), levava a cabo ofensivas contra a própria metrópole, âmbito em que efectuou o roubo das estátuas de Dâmia e Auxésia. Não obtendo dos Eginetas nem o cumprimento do voto anteriormente formulado pelos Epidáurios nem a restituição das estátuas, de cujos pedestais de oliveira sagrada se consideravam os legítimos proprietários, os Atenienses enveredaram pela ofensiva contra os infractores.

Embora as versões de Egina e Atenas sobre a campanha de resgate das imagens sejam divergentes, importa reter as implicações políticas e económicas nelas contidas. Ou seja, para fazer frente ao ataque naval dos Atenienses, as gentes de Egina ter-se-iam socorrido dos Argivos, uma aliança a que vieram a lançar mão mais tarde (em 491) para enfrentar de novo o mesmo adversário (assunto a que voltaremos de seguida). A batalha teria significado uma profunda derrota para as tropas atacantes, considerando que o único sobrevivente a regressar à pátria acabara linchado às mãos das viúvas dos companheiros (5. 87). Independentemente da autenticidade do relato, as implicações do desentendimento entre Atenas, por um lado, e Egina e Argos, pelo outro, são de particular importância, uma vez que atestam as repercussões económicas dos conflitos armados. Segundo Heródoto (5. 88, 2), foi essa rivalidade que esteve na origem de um boicote por parte da ilha e da sua aliada à importação de artefactos áticos, especialmente cerâmicos ([28]).

Em suma, quando, em finais do século VII, Egina ataca as costas da Ática, fá-lo motivada por combater um inimigo de longa data. Esta é mais uma aliança que tem nas suas origens a rivalidade com um inimigo comum. Contudo os Eginetas atacaram os Atenienses sem respeitar o código militar grego, pois travam uma "guerra sem arautos" (*pólemon akêrukton*, 5. 81, 2). Ou seja, ultrapassam o costume institucionalizado na Hélade de tentar solucionar o conflito pela via diplomática ou de proceder à declaração oficial das hostilidades (missão de que era incumbida uma delegação de arautos de ambas as partes beligerantes). E esta transgressão, responsável por numerosos danos infligidos em locais da costa ática e em particular na zona portuária do Falero, deu origem a um prolongado conflito entre Atenas e Egina. Durante cerca de um quarto de século, Atenas e Egina viveram num clima de hostilidade permanente, do qual resultaram três momentos mais agudos ([29]). O primeiro deles é aquele que Heródoto

---

([28]) A medida proteccionista da cerâmica local, a avaliar pelos achados arqueológicos, deve ter vigorado entre 550-480, período em que não são encontrados os típicos objectos de cerâmica ática de figuras negras e, posteriormente, de figuras vermelhas (Schrader: n. 413).

([29]) Sobre a rivalidade entre Atenas e Egina, leia-se: N. G. L. Hammond, "The war between Athens and Aegina, c. 505-481 B.C.", *Historia* 4 (1955) 406-411; L. H. Jeffrey, "Greece before the Persian invasion: VIII Aegina", in *CAH* ²IV: 364-367 e "The campaign between Athens and Aegina", *AJPh* 83 (1962) 44-54.

recorda agora (5. 81, 2 e 89, 2), datado de 506. O segundo verificou-se nas vésperas da batalha de Maratona, em 491/490 (6. 48, 1-94, 1) e o último em 483/482, mesmo antes da invasão da Grécia por Xerxes (7. 144, 1-145, 1).

Tal como sucede na guerra referida no livro V, os dois outros conflitos, relatados nos livros VI e VII, envolvem sempre as relações de Egina ou Atenas com um terceiro estado. A diferença está em que, nas vésperas das duas guerras medo-persas, esse outro elemento do triângulo não é uma *pólis* grega (como foi Tebas no final do século VII), mas uma força bárbara, os Persas. Porém, a forma como a Pérsia interfere no desenho das hostilidades entre Egina e Atenas nestes dois últimos conflitos acaba por ser diametralmente oposta, num e noutro momentos. Ou seja, se em 491 a submissão de Egina aos arautos de Dario criou nos Atenienses o receio de que a antiga rival pudesse vir a retirar dessa aliança um reforço para o combate interno contra si, o que os levou a buscar apoio em Esparta, volvida cerca de uma década, a Pérsia passa a ser o inimigo comum. Em suma, nas vésperas da batalha de Maratona, a Pérsia tem uma aliança com Egina, ao passo que em 480 será a luta contra os Persas a pôr fim ao diferendo que ainda continuava a opor Egina e Atenas.

A rematar esta reflexão sobre mais uma das numerosas manifestações da conflitualidade que agitou as *póleis* gregas nas épocas arcaica e clássica, convém observar que, no caso concreto de Egina e Atenas, e analisando o rumo que os acontecimentos tiveram na Batalha de Salamina em 480, Heródoto tece uma observação pertinente sobre o contributo das rivalidades inter-estatais na Grécia para fazer frente à ameaça de um inimigo estrangeiro. Isto é, fora a guerra contra Egina que impelira os Atenienses a serem marinheiros (7. 144, 1). Se os cidadãos de Atenas aceitaram a proposta de Temístocles de reforçar a sua frota, que passou a contar com 200 navios, num primeiro momento fizeram-no para combater um rival grego, Egina. Mas, sem o saberem, estavam a criar as condições favoráveis à vitória que viriam a alcançar mais tarde, nos estreitos de Salamina, diante de uma força naval estrangeira.

O que procurámos demonstrar com esta nossa reflexão sobre as relações de rivalidade e aliança entre *póleis* na Grécia arcaica foi a importância que assumiram simultaneamente em dois tabuleiros distintos: o da política interna e o da política externa.

BIBLIOGRAFIA

Balcer, J. M., "Persian occupied Thrace", *Historia* 37 (1988) 1-21.
Boardman, J. *et alii, The Cambridge Ancient History*, Cambridge University Press: vol. III. 3 (Boardman, J. – Hammond, N. G. L.), reimpr. 1990; vol. IV (Boardman, J. – Hammond, N. G. L. – Lewis, D. M. – Ostwald, M.) ²1988.
Buck, R. J., *A history of Boeotia* (Alberta 1979).
Bury, J. B. *et alii, The Cambridge Ancient History*, Cambridge University Press: vol. IV (Bury, J. B. – Cook, S. A. – Adcock, F. E.) 1969.
Cartledge, P., *Sparta and Lakonia. A regional history 1300-362 BC* (London 1979).
Chapman, G. A. H., "Herodotus and Histiaeus' role in the Ionian Revolt", *Historia* 21 (1972) 546-568.
Ehrenberg, V., *From Solon to Socrates. Greek history and civilization during the 6th and 5th centuries BC* (London and New York, reimp. ²1993).
Evans, J. A. S., "Herodotus and the Ionian Revolt", *Historia* 25 (1976) 31-37.
Evans, J. A. S., "Histiaeus and Aristagoras: notes on the Ionian Revolt", *AJPh* 84 (1963) 113-128.
Ferreira, J. R., *A Grécia Antiga* (Lisboa, Edições 70, 2003).
——, "As reformas de Clístenes", *Biblos* 63 (1987) 179-199.
Ferrill, A., "Herodotus on Tyranny", *Historia* 27 (1978) 385-398.
Forrest, W. G., "The tradition of Hippias' expulsion from Athens", *GRBS* 10 (1969) 277-286.
Gillis, D., *Collaboration with the Persians* (Wiesbaden 1979).
Gray, V. J., "Herodotus and images of tyranny: the tyrants of Corinth", *AJPh* 117 (1996) 361-389.

Hegyi, D., "The historical background of the Ionian Revolt", *AAntHung* 14 (1966) 285-302.

Hooker, J. T., *The Ancient Spartans* (London 1980).

Johnson, D. M., "Herodotus' storytelling speeches: Socles (5. 92) and Leotychides (6. 86)", *CJ* 97 (2001) 1-26.

Lang, M., "Herodotus and the Ionian Revolt", *Historia* 17 (1968) 24-36.

Larsen, J. A. O., *Greek federal states: their institutions and history* (Oxford 1968).

Lateiner, D., "The failure of the Ionian Revolt", *Historia* 31 (1982) 129-160.

Lattimore, R., "The wise adviser in Herodotus", *CPh* 34 (1939) 24-35.

Lavelle, B. M., "Herodotus and the Tyrant-slayers", *RhM* 131 (1988) 211-215.

Oost, S. I., "Cypselus the Bacchiad", *CP* 67 (1972) 10-30.

Roux, G., "ΚΥΨΕΛΗ. Où avait-on caché le petit Kypsélos?", *REA* 65 (1963) 279-289.

Soares, C., *A Morte em Heródoto. Valores universais e particularismos étnicos*, Fundação Calouste Gulbenkian e Fundação para a Ciência e Tecnologia (Coimbra 2003).

Solmsen, L., "Speeches in Herodotus' account of the Ionian Revolt", *AJPh* 104 (1943) 194-207.

Stern, J., "Demythologization in Herodotus: 5. 92 h", *Eranos* 87 (1989) 13-20.

Viviers, D., "La conquête de Sigée par Pisistrate", *AC* 56 (1987) 5-25.

Waters, K. H., *Herodotus on tyrants and despots* (Wiesbaden 1971).

HISTÓRIAS
Livro V

	Os Persas que Dario deixou na Europa, sob o comando de **1.** 1.
Megabazo (¹), subjugaram, em primeiro lugar, de entre os povos do
Helesponto, os Períntios (²), que resistiam à condição de súbditos de
Dario; antes tinham sofrido uma tremenda derrota, infligida pelos
Peónios (³). É que os Peónios das margens do Estrímon tinha   2.
recebido, por um oráculo do seu deus (⁴), ordem para avançar contra os
Períntios; se estes, postados diante dos invasores, os desafiassem e os

---

(¹) Heródoto retoma a narrativa do avanço persa na Europa, que tinha interrompido em 4. 144. 3 para introduzir o *logos* da Líbia. Esta narrativa compreende um conjunto de 28 capítulos (5. 1-28), que precede a longa descrição da revolta iónica e tem por objecto os movimentos militares executados por generais persas na região do Danúbio. A primeira destas campanhas, que se desenrolou sob o comando de Megabazo (cf. 4. 143. 3), cerca de 513 a. C., garantiu aos Persas o domínio sobre a Trácia, Peónia e mesmo uma parte da Macedónia. A fronteira norte da Grécia tornava-se agora, em função deste avanço, muito próxima.

(²) Heródoto não é particularmente exacto na localização dos Períntios, porque, dentro do conceito da Atenas do tempo, Helesponto incluía, além dessa região propriamente, a Propôntide e o Bósforo. Em rigor, os Períntios ocupavam a costa trácia do mar da Mármara, ou seja, na designação antiga, da Propôntide. É óbvia a qualidade estratégica desta região como ponto de acesso à Grécia, que Xerxes havia de usar como lugar de aquartelamento de reforços aquando da sua campanha.

(³) Os Peónios eram um povo de origem trácia ou ilíria, que habitava a região norte da Macedónia. Já Homero tinha deles conhecimento e os referia entre os aliados dos Troianos (*Ilíada* 2. 848-850, 16. 287-288). Tucídides (2. 98-99) refere-se-lhes igualmente localizando-os a leste da Macedónia. Logo Heródoto os associa com as margens do Estrímon, na actual Bulgária, importante curso que cruzava uma zona de subsolo argentífero.

(⁴) Não há informações precisas sobre qual seria esta divindade oracular dos Peónios. Hesíquio (*s. v. Díalos*) menciona um deus peónio caracterizado por traços comuns com Dioniso.

3. chamassem pelo nome, deviam atacá-los; se eles os não chamassem, não deviam agir. Os Peónios trataram de cumprir esta ordem. Quando os Períntios aquartelaram diante da cidade, aí mesmo, em resposta ao desafio, se travou um triplo duelo, de homem contra homem, de cavalo contra cavalo e de cão contra cão. Vencedores em dois destes combates, os Períntios entoaram um péan ([5]) em sinal de júbilo. Os Peónios, por seu lado, convencidos de que era a isto mesmo que o oráculo se referia, trocaram entre si comentários do género: 'Tudo indica, neste momento, que o oráculo se vai cumprir a nosso favor. A partir de agora é connosco'. E assim, depois de os Períntios entoarem o péan, os Peónios atacaram-nos, obtiveram uma vitória estrondosa e muito

2. 1. poucos foram os inimigos que pouparam. Eis o que em tempos passados lhes tinha acontecido por obra dos Peónios. Nesta ocasião, tiveram um comportamento de gente de fêvera em defesa da sua liberdade. Se os Persas de Megabazo os dominaram, foi graças à

2. superioridade numérica de que dispunham. Dominada Perinto, Megabazo conduziu o exército através da Trácia ([6]), submetendo à autoridade real todas as cidades e todos os povos habitantes da região. Porque tinha sido essa a missão de que Dario o incumbira: a conquista da Trácia.

3. 1. Os Trácios ([7]) são o povo mais numeroso que existe, a seguir aos Indianos ([8]). Se obedecessem a um só chefe e se regessem por directrizes comuns, seriam, na minha opinião, invencíveis e de longe a mais poderosa entre todas as comunidades humanas. Mas não há maneira nem possibilidade de que tal venha a acontecer alguma vez.

([5]) Um péan era um canto de vitória dedicado a Apolo, celebrado como uma divindade benfazeja que afasta os males e proporciona a vitória. O nome do hino advém-lhe do grito ritual – ié, péan – que funcionou como uma espécie de estribilho. Mais tarde, outros deuses passaram a ser também homenageados com o mesmo canto.

([6]) No sentido este-oeste, seguindo a linha da costa do Egeu. Dario, por sua vez, aquando da campanha da Cítia, havia já percorrido os povos trácios da borda do mar Negro, entre o Bósforo e o Danúbio, como o próprio Heródoto narra em 4. 93, 118. 5.

([7]) Aqui se inicia, para se prolongar até ao capítulo 10, o relato dedicado aos Trácios, informativo das características do terreno e das práticas dos habitantes da região. É curioso notar que este é o último grande quadro etnográfico em Heródoto. Sobre o passado dos Trácios, *vide* J. Boardman, I. E. S. Edwards, N. G. L. Hammond, E. Sollberger, C. B. F. Walker, *The Cambridge Ancient History*, III. 2 (Cambridge ²1991) 591-619.

([8]) Heródoto tende a exagerar na contabilização dos Trácios, por imaginar mais amplas as suas fronteiras do que de facto eram. Sobre a ideia de que os Indianos são um povo especialmente numeroso, cf. 3. 94. 2.

Esta a razão da sua debilidade. Usam nomes diferentes[9], consoante a região que ocupam; mas quanto aos costumes, têm os mesmos praticamente em tudo, excepto no referente aos Getas, aos Trausos e aos que habitam a norte dos Crestónios[10]. De entre eles, as práticas dos Getas, que se julgam imortais, já eu as enunciei. Os Trausos, que em tudo o mais se comportam como os outros Trácios, têm, por ocasião de um nascimento ou de uma morte, o protocolo seguinte: Quando nasce uma criança, os parentes sentam-se-lhe em volta e pranteiam-na por todas as desgraças que, após o nascimento, fatalmente lhe hão-de encher a vida, enumerando tudo quanto é infortúnio humano. Por ocasião de uma morte, fazem o enterro por entre brincadeiras e manifestações de alegria, com o argumento de que, depois de se libertar de tantos males, o morto atingiu a bem-aventurança plena[11]. Quanto aos Trácios que vivem acima dos Crestónios, são estas as suas práticas. Cada um tem várias mulheres. Quando um deles morre, desencadeia-se entre as mulheres uma enorme polémica e disputas assanhadas entre os amigos, sobre qual delas era a mais amada pelo marido. Aquela que merecer esse título e a honra respectiva, depois de receber os elogios de homens e de mulheres, é degolada sobre o túmulo pelo seu parente mais próximo. Depois de degolada, é sepultada juntamente com o marido. As outras consideram-se altamente desprestigiadas, porque essa exclusão resulta para elas num terrível opróbrio[12].

2.

4.

2.

5.

---

[9] A crermos no testemunho de Heródoto, havia pelo menos vinte e cinco grupos trácios; mas outros testemunhos antigos (Tucídides 2. 96; Plínio, *História Natural* 4. 43 sq.) fazem ascender este número a cerca de cinquenta. Sobre a enumeração destes povos e respectivas designações, *vide* Nenci, 158.

[10] Os Getas já foram referidos por Heródoto em 4. 93-96, como tendo sido dominados por Dario na campanha contra a Cítia. Estavam estabelecidos entre os Balcãs e o Danúbio. Tucídides (2. 96) insiste na ideia de que algumas diferenças os individualizavam entre os Trácios. Mais tarde, vieram a avançar para sul e a misturar-se com os Dácios. Vide *The Cambridge Ancient History*, III. 2, 597-599. Os Trausos, do nome do rio que lhes ficava vizinho, o Travo (cf. 7. 109), habitavam as faldas do monte Ródope, não longe de Abdera. Por fim, os Crestónios ocupavam uma região que deles recebeu o nome, a norte da Macedónia (cf. 7. 124, 8. 116).

[11] Outros testemunhos antigos se podem invocar a propósito deste mesmo costume: Pompónio Mela 2. 18; Valério Máximo 2. 6, 12.

[12] O sacrifício da esposa dilecta lembra a prática antes enunciada por Heródoto a propósito dos funerais dos soberanos citas (4. 71. 4). Sobre a poligamia entre os Trácios, *vide* Eurípides, *Andrómaca* 215-218; Estrabão 7. 3, 4.

6. Os outros Trácios cumprem a prática seguinte: vendem os filhos para exportação ([13]). Não mantêm as raparigas a bom recato, antes lhes permitem que tenham relações sexuais com os homens que quiserem; às esposas, porém, têm-nas sob vigilância apertada. Compram a mulher com quem se casam à família, por somas avultadas.

2. Usar tatuagens ([14]) é sinal de nobreza, não as usar denuncia baixa condição. A falta de actividade consideram-na muito respeitável, o trabalho agrícola a maior humilhação. Viver da guerra e da pilhagem é um modelo que têm na maior conta. São estes, dos costumes que os identificam, os mais dignos de menção.

7. Dos deuses, os únicos que veneram são Ares, Dioniso e Ártemis. Mas os soberanos, por oposição aos restantes cidadãos, homenageiam, de entre as divindades, sobretudo Hermes; é só em nome deste deus que fazem juramentos e dele se afirmam descendentes ([15]).

8. Os funerais da gente grada processam-se deste modo. O morto fica exposto durante três dias, e, depois de terem imolado todo o tipo de vítimas, organizam banquetes, não sem o terem pranteado primeiro. No fim desse tempo, procedem às exéquias: cremam o cadáver ou simplesmente enterram-no. Erguem então um túmulo, organizam provas desportivas de todas as modalidades, em que os melhores prémios são

---

([13]) Os Gregos conheciam bem esta prática, porque se serviam dela para adquirir mão-de-obra escrava. Alguns testemunhos podem ser invocados: Aristófanes, *Cavaleiros* 44, *Aves* 764; Eurípides, *Alceste* 675-678.

([14]) Dentro de um critério de contrastes com as práticas gregas, que é geral na avaliação dos costumes bárbaros, o uso de tatuagens, que na Hélade era tido como próprio de escravos (cf. 2. 113. 2, 7. 233. 2), representava para os Trácios promoção social. Por seu lado, a inactividade era tida em má conta desde o tempo de Sólon (cf. Plutarco, *Sólon* 22. 3, 31. 5); cf. ainda Tácito, *Germânia* 14. 4, que abona o mesmo conceito nesta região.

([15]) Em contraste com o panteão helénico, numeroso em divindades, Heródoto sugere a modéstia dos deuses trácios, apenas três, a que Nenci (162) acrescenta Hélios, o Sol. Naturalmente que as designações gregas cobrem outras, locais, e atestam a semelhança de alguns atributos. C. Schrader (22) admite a hipótese de sobrepor Ares a Plistoro (cf. 9. 119. 1), divindade a que se ofereciam sacrifícios humanos. Dioniso, o deus a quem tradicionalmente é atribuído um ascendente trácio, teria a sua réplica numa entidade de natureza orgiástica, a quem se ligaria a vitalidade e o êxtase, do tipo de Sabázio. A Ártemis anda associado o culto da natureza, talvez com correspondência na deusa Bêndis (cf. Platão, *República* 327a; Xenofonte, *Helénicas* 2. 4, 11). Finalmente Hermes talvez possa identificar-se com o Sol, com que a figura de um soberano oriental aparece frequentemente associada. Talvez haja, na definição dos deuses trácios, uma hierarquia com repercussão social, que relaciona um certo tipo de deuses com as classes agrícolas e uma divindade solar com o prestígio do soberano.

destinados, como é natural, ao combate singular ([16]). São estes os ritos fúnebres dos Trácios.

Quanto à região a norte que se situa para lá deste território, ninguém é capaz de informar com rigor sobre as gentes que a habitam. Mas há a ideia de que, para além do Istro, se estende um espaço ermo, sem limites ([17]). Os únicos habitantes para cima do Istro sobre quem consegui informações são chamados Siginas ([18]) e vestem-se à persa. Os cavalos que lá criam ([19]) são cobertos, por todo o corpo, de um pêlo que pode atingir cinco dedos de altura; são pequenos, baixos e incapazes de transportar um homem; mas, se atrelados, são extremamente ágeis. É por isso que o povo da região se desloca de carro. As fronteiras dos Siginas prolongam-se até perto dos Énetos ([20]), os que bordam a costa adriática. Dizem-se colonos dos Medos. Como é que esta gente provém de uma colónia meda é assunto para que não tenho explicação. Se bem que, ao longo de um grande período de tempo, tudo pode acontecer. A verdade é que os Lígures, que vivem no

9. 1.

2.

3.

([16]) A sequência de momentos no ritual funerário foi já posta em paralelo com a que homenageia Pátroclo, no canto 23 da *Ilíada*: exposição do corpo, sacrifício de vítimas e banquete, antes das exéquias propriamente ditas. Os jogos desportivos em honra do defunto fazem também parte do processo. Banquetes funerários ocorriam igualmente entre os Citas (cf. 4. 73. 1). Sigo neste passo, em que a tradução é controversa, a versão de Legrand (21), que este autor, em nota, justifica: 'Μουνομαχίης (…) não designa todo o tipo de provas em que só dois concorrentes estivessem em competição, mas especificamente o combate de dois homens armados'. Sendo esta a prova de maior risco, era natural que o prémio atribuído fosse também o mais valioso.

([17]) Heródoto entra no tom vago que, em geral, adopta para descrever paisagens remotas, e por isso desconhecidas ou inacessíveis. Na sua concepção, a norte do Istro situava-se um deserto imenso, os confins superiores da Europa, sempre enigmáticos para o historiador. O Istro, nome antigo do Danúbio, foi amplamente descrito em 4. 48-50.

([18]) A informação de Heródoto sobre os Siginas é, na sua época, isolada. Só mais tarde outros testemunhos se lhes referem, talvez valendo-se do autor de *Histórias*: Apolónio de Rodes 4. 320; Estrabão 11. 11. 8; Orfeu, *Argonautas* 756.

([19]) Este tipo de cavalo talvez se possa identificar com o γίννος, que resulta de um cruzamento de cavalo e de burro. Cf. Aristóteles, *A Geração dos Animais* 748b 34, *História dos Animais* 577b 25; Plínio, *História Natural* 8. 69.

([20]) Segundo a localização definida por Heródoto, o território dos Siginas prolongava-se, portanto, do Cáucaso até à região dos Vénetos, no Adriático. Sobre os Vénetos da Ilíria, cf. ainda 1. 196. Estes Vénetos, que Heródoto precisa como sendo 'os que bordam a costa', são distintos dos da Paflagónia, que Homero já refere em *Ilíada* 2. 852.

interior a norte de Marselha, designam por *siginas* os vendedores ambulantes, enquanto os Cipriotas dão este nome aos dardos ([21]).

10. Segundo os Trácios, as abelhas são senhoras do espaço para lá do Istro ([22]), e são elas que tornam impossível o acesso até mais a norte. Na minha opinião, versões deste género não são verosímeis. De facto, esse tipo de insectos parece ser sensível ao frio; e, quanto julgo saber, o que torna inabitável a região do árctico é exactamente o rigor do clima. Eis o que se ouve dizer sobre esses territórios. Seja como for, foram as regiões costeiras que Megabazo submeteu ao domínio persa.

11. 1. Dario, mal que atravessou o Helesponto e chegou a Sardes ([23]), tomou em devida conta os bons serviços prestados por Histieu de Mileto e o conselho de Coes de Mitilene ([24]). Fê-los então vir a Sardes
2. e propôs-lhes uma escolha. Histieu, que era já tirano de Mileto, não

---

([21]) Heródoto avança com duas interpretações para o nome dos Siginas, de que os comentadores modernos inferem conclusões sobre pormenores da sua actividade, que lhes conferiam certos traços identificativos no exterior. Assim Nenci (166) entende que os Siginas seriam dados ao comércio ambulante e que talvez usassem, como moeda de troca, pontas de lança; deste modo harmoniza as duas leituras díspares, que Heródoto regista, do nome que usam. Ao referir-se aos Lígures do interior de Marselha, o autor de *Histórias* está a precisar uma distinção com outros Lígures, que se tinham fixado na costa anatólica do mar Negro (7. 72. 1).

([22]) Esta versão adiantada pelos Trácios tem a ver com a natureza pantanosa do espaço a norte do Istro, hoje Roménia, muito favorável à existência de insectos.

([23]) Terminado o conjunto de capítulos referentes à geografia e costumes trácios, Heródoto retoma a sua narrativa anterior relativa à campanha cita de Dario (cf. 4. 143. 1). A partir deste momento, o monarca persa e a cidade de Sardes vão-se impondo como estímulos à revolta iónica. Esta cidade, capital da Lídia, veio a ser também a sede da satrapia lídia e o centro político e militar da revolta dos Iónios. Dario regressou à Ásia não pelo Bósforo, por onde tinha saído para a Cítia (4. 87-89), mas pelo Helesponto, dada a revolta que entretanto agitava aquela região.

([24]) O rei persa preparava-se para compensar as intervenções de Histieu e de Coes, de que a narrativa do Livro IV nos dá conta. Histieu de Mileto tinha-se oposto, numa assembleia de Iónios, à proposta de Milcíades que, de acordo com uma sugestão dos Citas, defendia que a ponte sobre o Danúbio fosse destruída. A possível destruição dessa passagem teria barrado o regresso à Ásia das tropas de Dario e saldado a campanha da Cítia num desastre completo (cf. 4. 137). A intervenção de Coes, com respeito à mesma ponte, não tinha sido menos relevante. Depois de a atravessar a caminho da Trácia, Dario tivera a tentação de a mandar derrubar; e se o não fez, o que se veio a revelar uma decisão muito sensata, foi graças a um alerta oportuno de Coes (cf. 4. 97-98). Naturalmente que o que é para Dario um serviço relevante digno de recompensa, representou para os Gregos da Iónia uma subserviência prolongada ao poder persa e para os Helenos em geral um apoio traiçoeiro ao inimigo de sempre.

desejava uma segunda tirania; pediu por isso Múrcino dos Edonos([25]), com a intenção de aí fundar uma cidade. Foi essa portanto a sua escolha. Quanto a Coes, que não era tirano mas um simples particular, preferiu ser tirano de Mitilene.

Satisfeitas as preferências de ambos, cada um se dirigiu para o terreno da sua escolha. Quanto a Dario, depois de assistir a uma determinada cena, deixou-se tomar pelo desejo de encomendar a Megabazo a conquista da Peónia e a transferência, da Europa para a Ásia, do seu povo([26]). Pigres e Mástias([27]) eram peónios e, depois de Dario ter feito a travessia para Ásia, pretenderam ser tiranos da Peónia. Vieram então a Sardes em companhia de uma irmã, uma moça esbelta e bem parecida. Aguardaram o momento em que Dario se instalou diante da cidade([28]) dos Lídios e agiram deste modo. Trataram de aperaltar a irmã o melhor que puderam e mandaram-na à água, de cântaro à cabeça, puxando um cavalo com um dos braços, enquanto fiava o linho([29]). Quando a mulher lhe passou diante, não deixou de

12. 1.

2.

3.

([25]) A preferência de Histieu visava decerto acrescentar, ao seu poder de tirano de Mileto, a riqueza que uma região aurífera, como era Múrcino, prometia. Por enquanto o topónimo refere-se à região (cf. *infra* 23. 1). Mas depois (cf. *infra* 24. 1) mais especificamente à cidade que aí foi fundada. Os Edonos são referidos em Heródoto como populações trácias, situadas num espaço de passagem entre a Ásia e a Grécia e detentoras de um terreno aurífero; vide 4. 124. 2, 7. 110, 114. 1, 9. 75. Logo falamos de uma região de grande valor estratégico e financeiro.

([26]) A prática de transferir toda uma população para outro lugar não era rara na antiguidade oriental e vem abonada várias vezes por Heródoto: 4. 204, 6. 20, 119. 4. Schrader (29) comenta que não foi a história contada por Heródoto que justificou a deportação em massa dos Peónios, naturalmente, mas a sua natureza belicosa que os tornava um potencial impedimento para os avanços imperialistas da Pérsia contra a Europa.

([27]) Esta mesma história é também contada por Nicolau Damasceno (*FGrHist* 90F 71) e por Eliano, *História Vária* 7. 1-2.

([28]) Este tipo de aparição pública de um monarca oriental, instalado num trono, para exercer justiça aparece referido com frequência: cf. 1. 14. 3, 1. 97. 1, 3. 14. 1.

([29]) Com esta exibição, os Peónios pretendiam pôr em relevo a excelência das virtudes das suas mulheres. Para além da esbelteza física – patente na estatura e na pureza de traços – e do cuidado na apresentação, possuíam ainda capacidade de trabalho, que lhes permitia não só desempenharem-se de todas as funções que se podiam esperar da sua condição, como realizá-las em simultâneo. No entanto, as tarefas de ir à água ou de fiar o linho, que faziam parte também do quotidiano da mulher grega, pareceram estranhas a um oriental, que as reservava às escravas. Particularmente dúbio pareceu a Dario o cuidado que a mulher punha no tratamento de um cavalo que, para os hábitos persas, seria encargo masculino.

4. chamar a atenção de Dario; é que nenhuma das tarefas que ela desempenhava era conforme aos costumes nem dos Persas, nem dos Lídios, nem de qualquer outro povo asiático. Interessado pelo que se passava, Dario mandou alguns dos seus guardas vigiar o que a mulher faria do cavalo. Eles seguiram-na; quando chegou ao rio, a jovem deu de beber ao cavalo; depois de o ter deixado matar a sede, encheu o cântaro de água e voltou pelo mesmo caminho, puxando o cavalo com um braço, enquanto ia rodando o fuso.

13. 1. Dario, espantado com o testemunho dos seus espiões e com o que via com os seus próprios olhos, mandou que trouxessem a mulher à sua presença. Quando lha trouxeram, compareceram com ela também os irmãos que, sem se afastarem, se mantinham atentos ao que se passava. À pergunta de Dario sobre a terra de que ela provinha, os moços informaram de que eram Peónios, e que a jovem era sua irmã.

2. Em resposta, Dario perguntou quem eram os Peónios, que região habitavam e com que intenção tinham eles vindo, de livre e espontânea vontade, a Sardes. Afirmaram os dois por sua vez que tinham vindo para se porem à disposição do rei, que a Peónia era uma zona urbanizada nas margens do Estrímon, que o Estrímon não ficava longe do Helesponto, e que o seu povo era colono dos Teucros, de Tróia [30].

3. Depois de satisfazerem estas questões, ponto por ponto, Dario quis saber se todas as mulheres, lá no país deles, eram assim laboriosas. Com toda a convicção eles afirmaram que sim. Pois se era exactamente para produzir este efeito que tinham montado o esquema todo [31]!

14. 1. Aí Dario escreve uma carta a Megabazo, que tinha deixado na Trácia ao comando do exército, a recomendar-lhe que desalojasse os

---

[30] Todos os pormenores que os dois sujeitos vão dando da Peónia valorizam os aspectos que podiam fazer dela uma terra atractiva para os interesses do rei persa; além de amigável, a Peónia é descrita como próxima ou mesmo vizinha das fronteiras asiáticas do império persa, para além de uma zona fortemente habitada, o que atesta a riqueza que lhe é própria. Por fim, é mesmo sugerida uma proximidade étnica, uma vez que a região em causa descendia dos Teucros de Tróia. Mais adiante (7. 20. 2), Heródoto recorda uma migração de povos asiáticos ainda anterior à guerra de Tróia, onde se incluía um grupo de Teucros ou Troianos. Nos argumentos da resposta, tudo sugeria uma aproximação de que, naturalmente, esperavam o benefício desejado de se poderem tornar uma espécie de delegados do poder real na Peónia.

[31] O resultado da trama que montaram foi para eles surpreendente, porque uma deportação não a tinham previsto.

Peónios do seu território e lhos trouxesse, com os filhos e as mulheres. Logo um cavaleiro correu a levar a mensagem ao Helesponto e, depois de o atravessar, entregou-a a Megabazo. Este leu-a, arranjou uns guias e pôs-se em marcha, da Trácia em direcção à Peónia.

2.

Os Peónios, informados de que os Persas avançavam contra eles, reuniram-se e marcharam em direcção ao mar, convencidos de que seria por este lado que os Persas iriam empreender o ataque. Ou seja, os Peónios estavam prontos a fazer frente ao avanço das tropas de Megabazo; mas os Persas, informados de que eles se tinham agrupado e mantinham sob vigilância o acesso do lado do mar, seguiram, com os guias que tinham arranjado, um percurso interior ([32]); e sem que os Peónios se apercebessem, caíram sobre as cidades que lhes pertenciam e que se encontravam desguarnecidas de homens. E como as encontraram desertas, facilmente as ocuparam. Os Peónios, quando tomaram conhecimento da ocupação, dispersaram de imediato; e cada um de volta à sua cidade rendeu-se aos Persas. Foi assim que os Peónios, os Siriopeónios, os Péoples e todos os povos que habitavam as regiões até ao lago Prásias ([33]) se viram desalojados do seu território e levados para a Ásia. Quanto aos que se situavam em volta do monte Pangeu – os Doberes, Agrianes e Odomantos ([34]) – e

15. 1.

2.

3.

16. 1.

([32]) Da embocadura do rio Nesto até ao Estrímon, as tropas persas poderiam ter seguido a via mais fácil, acompanhando a linha da costa. Mas para ludibriar a resistência, preferiram uma rota de montanha, que cruzava a região dos Sapeus e torneava, do lado norte, o monte Pangeu.

([33]) Sobre os Peónios, cf. *supra* 1. 1 e respectiva nota. A designação específica de Siriopeónios referia-se ao grupo que tinha por capital a cidade de Síris (8. 115. 3) e se situava na parte baixa do Estrímon. Os Péoples, localizados mais a norte, viviam desse lado do Pangeu, na parte alta do Estrímon (7. 113). Schrader (33) discute a questão mais polémica da identificação do lago Prásias e dá preferência à relação com o actual chamado Butkovo, à direita do rio Estrímon. Baseia-se nas próprias informações de Heródoto que, em 5. 17. 2, se refere à estrada que conduzia do lago à Macedónia e, em 5. 16. 2, como os habitantes da região se abasteciam de madeira no monte Orbelo, para possivelmente a transportarem ao longo do vale do rio. Nenci (175) entende mais provável a identificação com o lago Cercínio, hoje Tirkino, que o Estrímon atravessava.

([34]) Estes são povos conhecidos: os Doberes, situados ainda na Peónia, tinham mesmo proposto aderir aos interesses atenienses durante a guerra do Peloponeso (cf. Tucídides 2. 98-100), incluídos na marcha organizada por Sitalces. Os Agrianes, também Peónios, ocupavam as alturas dos montes em torno do rio Estrímon (cf. Tucídides 2. 96). Por fim, os Odomantos situavam-se em plena região metalífera do Pangeu (cf. Heródoto 7. 112); também Tucídides se lhes refere (2. 101. 3) como povos das planícies mais próximas do Egeu. Para além de todos estes povos, restavam

do próprio lago de Prásias, não se deixaram subjugar pelas forças de Megabazo. Tentou o Persa ainda conquistar os que viviam dentro do lago, onde se instalavam da forma seguinte: havia, no meio do lago, uma plataforma de madeira, assente em pegões elevados; para lá, o acesso a partir de terra firme, de resto estreito, fazia-se por uma única
2. ponte. Os tais pegões que suportavam a plataforma foram, em tempos idos, colocados por um esforço comum de todos os moradores. Mais tarde, passaram a ser postos de acordo com a seguinte prática: por cada mulher que desposa, o noivo traz da montanha que dá pelo nome de Orbelo ([35]) três pegões de sustentação. Ora cada um desposa várias
3. mulheres. Eis o tipo de habitação que usam: cada um dispõe de uma cabana em cima da plataforma, onde mora, e de um alçapão aberto na plataforma, que dá para o lago. As crianças pequenas amarram-nas
4. pelo pé com uma corda, com medo de que caiam à água. Aos cavalos e às bestas de carga dão, em vez de pastagem, peixes. E há-os em tal profusão que, se se levantar a tampa do alçapão e se baixar, com uma corda, um cesto vazio para dentro do lago, após pouco tempo de espera ele sai carregado de peixes. Estes são de duas espécies, chamadas *papraces* e *tilões* ([36]).

17. 1. Enquanto os Peónios que tinham sido subjugados eram levados para a Ásia, Megabazo, após a submissão dos Peónios, envia à Macedónia uma delegação de sete persas, que eram, depois dele próprio, os mais destacados do exército. Estes homens foram enviados a Amintas
2. a pedir terra e água para o rei Dario ([37]). Existe, a partir do lago Prásias,

---

os lacustres. Torna-se claro da narrativa de Heródoto que os Persas não foram capazes de se impor aos povos do interior e das regiões da montanha; ficaram-se apenas pelo vale do Estrímon. Por seu lado, as populações lacustres habitavam palafitas, que Heródoto descreve com a atenção que merece um modelo de vida totalmente desconhecido para os hábitos gregos. Esta descrição tem, de resto, a particularidade de ser a primeira dedicada a este tipo de habitação, que se sabe muito antigo na Europa.

([35]) Esta é a montanha mais alta da região, coberta de florestas que proporcionavam madeiras para construção em abundância. Situava-se entre os rios Áxio e Estrímon, na fronteira actual entre a Grécia e a Bulgária.

([36]) Peixes lacustres, naturalmente, que se encontram descritos, ou melhor, identificados em outras referências.

([37]) A Macedónia confinava com a Trácia, para ocidente. Megabazo inicia portanto diligências diplomáticas junto de Amintas, o monarca da região (c. 540-498 a. C.). O pedido que lhe é feito de terra e de água simboliza a submissão ao poder persa e denuncia a infatigável ânsia de conquista que norteava a política imperialista da Pérsia. O mesmo pedido repete-se em outros momentos na narrativa de *Histórias* (cf. 4. 126, 7. 131-133).

70

um atalho directo que leva à Macedónia. Ao lago segue-se, em primeiro lugar, a mina, que, anos passados sobre estes acontecimentos, rendia a Alexandre um talento de prata por dia. A seguir à mina, depois de se atravessar o monte chamado Disoro, está-se na Macedónia ([38]).

18. 1. Quando os Persas, enviados em missão a Amintas, lá chegaram, apresentaram-se-lhe e pediram terra e água para o rei Dario. Amintas mostrou-se disposto a concedê-las e brindou-os mesmo com uma boa recepção ([39]). Preparou-lhes uma refeição magnífica e dispensou-lhes um acolhimento amável. No final do festim, no meio dos brindes ([40]), 2. os Persas saíram-se com este discurso: 'Anfitrião da Macedónia, é hábito entre os Persas, quando se oferece um banquete em grande, que as concubinas e mesmo as esposas legítimas sejam chamadas a tomar lugar à mesa ([41]). Pois bem, tu, que nos recebeste com tanta amabilidade, que nos tratas com todo o requinte e dás ao rei Dario terra e água, segue também essa nossa prática'. Ao que Amintas respondeu: 3. 'Persas, essa não é a nossa etiqueta, antes pelo contrário, é uso entre nós que homens e mulheres estejam separados. Mas uma vez que vocês, que são quem manda aqui ([42]), assim o desejam, que também essa vossa pretensão seja satisfeita'. Com esta declaração, Amintas mandou vir as mulheres; e quando, perante o chamado, elas se apresentaram, fê-las sentar, umas a seguir às outras, em frente dos

---

([38]) Esta zona que Heródoto chama já Macedónia, vizinha do lago Prásias, não é ainda a Macedónia propriamente dita e adiante referida em 7. 127. 1, mas um território de fronteiras muito mais amplas. Só mais tarde Alexandre I, filho de Amintas (498-454 a. C.), anexou ao seu reino os territórios até ao Estrímon. Foi também por essa altura, quando, com a retirada persa desse espaço, o monarca da Macedónia pôde alargar o seu território, que teve também acesso à riqueza argentífera das minas. O monte Disoro, que separava o vale do Estrímon da região da Crestónia, era um espaço metalífero importante. Para se avaliar da relevância deste rendimento para o erário macedónio, importa ter em conta que um talento de prata equivalia a c. 26k.

([39]) Talvez esta reacção favorável de Amintas se deva à proximidade ameaçadora do exército persa, que lhe não dava grande margem de recusa.

([40]) Heródoto já antes tinha destacado o consumo do vinho como um dos hábitos característicos dos Persas (cf. 1. 126. 2, 1. 133. 3, 1. 212. 2, 3. 22. 3, 3. 34. 2). Também os Macedónios cultivavam uma prática semelhante: cf. Arriano, *Anábase* 4. 8. 2.

([41]) Trazer as esposas legítimas à participação em banquetes era prática reprovada pelos Gregos e também, quanto parece, pelos Persas (cf., Plutarco, *Moralia* 613a). Se assim é, então talvez Heródoto esteja a atribuir aos emissários persas uma atitude abusiva, escudados na circunstância de não poderem ser desmentidos.

([42]) Estas são palavras ditadas pela atenção devida a um hóspede e pelo temor próprio de quem sentia o peso ameaçador da presença do exército persa, aquartelado em território vizinho.

4.   Persas. Nessa altura os Persas, ao verem tão belas mulheres, declararam a Amintas que não havia lógica nenhuma na sua atitude. Pois mais valia não ter mandado vir as mulheres, do que fazê-las vir para se sentarem não ao lado dos homens, mas em frente, como um
5.   tormento para a vista. Compelido pelas circunstâncias, Amintas mandou as mulheres passarem-se para o lado deles, o que elas fizeram. Logo os Persas, perdidos de bêbados, se puseram a apalpar-lhes o peito, e houve mesmo quem tentasse beijá-las.

19. 1.   Amintas, que presenciava a cena, apesar de se sentir indignado ficou impassível, por medo dos Persas. Mas Alexandre ([43]), seu filho, que estava presente e assistia também ao episódio, como jovem que era e inexperiente de dificuldades, não pôde conter-se por mais tempo e, furioso, disse a Amintas: 'Tu, meu pai, respeita as exigências próprias da idade que tens. Retira-te, vai descansar, não fiques para os brindes. Fico eu aqui, para me encarregar de tudo de que os nossos
2.   hóspedes precisarem'. Perante estas palavras, compreendendo que Alexandre se preparava para tramar algum golpe ousado, Amintas disse: 'Meu filho, vejo-te empolgado e julgo perceber o sentido do teu discurso; queres pôr-me fora daqui para dares um golpe. Mas por favor, sou eu que to peço em nome da nossa segurança, evita qualquer gesto contra esta gente e resigna-te a assistir a esta cena. Quanto a retirar-me, vou seguir o teu conselho'.

20. 1.   Logo que Amintas, depois de fazer ao filho esta recomendação, se retirou, disse Alexandre aos Persas: 'Estas mulheres, caros hóspedes, estão à vossa inteira disposição, quer vocês queiram fazer amor
2.   com todas elas ou com umas tantas, a vosso gosto. Sobre este ponto, vocês mesmos nos dirão as vossas preferências. Mas para já, uma vez que a hora de recolherem à cama se aproxima e me é visível que vocês

---

([43]) Este príncipe será o futuro Alexandre I, sucessor de Amintas e um soberano muito favorável a uma convergência de interesses com a Grécia. Heródoto refere-se-lhe com insistência: cf. 7. 173. 3, 7. 175. 1, 8. 34, 8. 121. 2, 8. 136. 1-2, 8. 137. 1, 8. 139--144, 9. 1, 9. 4, 9. 8. 2, 9. 44-46. Percebe-se desde logo, na atitude do jovem Alexandre, a promessa de uma futura autoridade régia e a determinação contra os Persas. Se lhe não falta coragem e decisão, também lhe é própria a astúcia, evidenciada na forma como, com dinheiro e com o noivado da irmã, boicota qualquer tipo de represália por parte do inimigo. Ao longo das guerras pérsicas, Alexandre sabe jogar com habilidade e empenho pelos interesses gregos: avisa os combatentes em Tempe do perigo que para eles significa a vantagem numérica das hostes adversárias; intervém a tempo de modo a evitar um saque das cidades da Beócia, ou ainda avisa, por altura da batalha de Plateias, os Gregos da iminência do ataque persa.

já estão bem alegres, permitam, se estiverem de acordo, que estas mulheres se vão lavar e encarreguem-se delas quando voltarem de banho tomado' ([44]). Dito isto, como os Persas se mostravam de acordo, mandou sair as mulheres para os seus aposentos. Ele próprio, Alexandre, fez vestir com roupas femininas jovens adolescentes, no mesmo número das mulheres, muniu-os de punhais e mandou-os para a sala; enquanto eles entravam, comentou com os Persas: 'Persas, foi-vos dispensado um acolhimento generoso, a que não faltou nada; tudo o que tínhamos, ou mesmo o que conseguimos arranjar para pôr à vossa disposição, tudo vos foi oferecido. Mais ainda – o que está para além de todas as regras – entregámo-vos as nossas mães e irmãs, de modo a fazer-vos compreender bem que vos prestamos a homenagem que vocês merecem; vão dizer ao vosso rei, que cá vos enviou, que um grego, governador da Macedónia ([45]), vos deu um acolhimento perfeito de mesa e de cama'. Com estas palavras Alexandre fez sentar, ao lado de cada persa, um jovem macedónio, como se fosse uma mulher. Jovens esses que, quando os Persas se preparavam para os apalpar, deram cabo deles.

3.

4.

5.

Eis como os tais embaixadores tiveram um mau fim, eles e o séquito que os acompanhava. Porque com eles tinham vindo carros, criados e todo um enorme equipamento. Tudo isso desapareceu, juntamente com eles. Não muito tempo passado ([46]), desencadeou-se uma busca intensa sobre o destino destes homens, por iniciativa dos Persas; mas Alexandre deteve-os com habilidade, mediante a oferta de uma grande soma de dinheiro e da sua própria irmã, Gigeia de seu

21. 1.

2.

---

[44] Os comentadores modernos deste passo de Heródoto chamam a atenção para um conjunto de incongruências que uma análise mais atenta denuncia nesta história: o facto de o rei se deixar substituir por um jovem inexperiente na recepção de hóspedes de qualidade; pela desculpa mal alinhavada que permite a saída das mulheres da sala; e finalmente por a sua substituição por rapazes não ter sido imediatamente detectada, quando não teriam o rosto coberto, já que os Persas lhes tinham admirado antes a beleza.

[45] Com a atribuição a si próprio do título de hiparco, com que os Persas designavam os governadores de província, Alexandre finge colocar-se numa posição de súbdito do rei. Irónica no sentido e provocatória esta designação, quando o jovem macedónio prepara o golpe fatal contra a delegação persa.

[46] Se avaliarmos este período de tempo com base na ideia de que a decisão de Alexandre de dar a irmã a um persa teria de ser tomada depois da morte de Amintas, este 'pouco tempo' não seria inferior a quinze anos, porque Alexandre só sucedeu ao pai em 498 a. C. e o episódio a que estamos a assistir teria ocorrido c. 512.

nome. Com estes presentes a Bubares([47]), um persa que comandava os homens que procuravam os desaparecidos, Alexandre pôs fim às investigações. Por este processo, a situação ficou sob controle e caiu o silêncio sobre a morte destes Persas.

22. 1. Que esses descendentes de Perdicas, como os próprios afirmam, são gregos de origem, é algo que eu estou em condições de afirmar e mostrarei, mais adiante na minha narrativa, como de facto são gregos ([48]). Aliás também, entre os Gregos, os organizadores dos
2. jogos olímpicos o reconheceram ([49]). De facto, Alexandre estava decidido a participar nesses jogos e apresentou-se na pista com essa intenção. Os Gregos seus adversários na corrida queriam excluí-lo, com o argumento de que a prova não era aberta a concorrentes bárbaros, mas exclusivamente a Gregos. Todavia, depois que Alexandre provou que era argivo de origem ([50]), consideraram-no grego; na corrida do estádio, ficou mesmo em primeiro lugar *ex aequo* ([51]). É esta a versão correcta dos factos.

23. 1. Quanto a Megabazo, que conduzia os Peónios, chegou ao Helesponto e daí, depois da travessia, dirigiu-se a Sardes. Já Histieu de Mileto estava a fortificar o território que, a seu pedido, tinha

---

([47]) Este Bubares era filho de Megabazo (cf. 7. 22. 2). Do seu casamento com Gigeia nasceu pelo menos um filho, que recebeu o nome do avô, Amintas (cf. 8. 136. 1).

([48]) Heródoto refere-se à controversa questão da relação dos Macedónios com a comunidade grega. Para o autor de *Histórias* essa relação é incontroversa e o grande argumento vai buscá-lo à admissão de Alexandre I como concorrente nos jogos olímpicos, exclusivamente abertos à participação de Gregos. Nenci (182) fundamenta esta opinião de Heródoto mais na simpatia por uma corte mecenática para os artistas e intelectuais gregos, do que por razões genealógicas. Perdicas I (cf. 8. 137-139) foi o fundador do estado da Macedónia, sobre o qual reinou no século VII a. C. Cf. ainda Tucídides 2. 99. 3 – 100. 2, sobre a história da monarquia macedónia.

([49]) Aos responsáveis pela organização dos Jogos Olímpicos competia garantir também o cumprimento dos critérios de admissibilidade dos concorrentes.

([50]) A corte macedónia reclamava, como seu ascendente, o heraclida Témeno que, depois da conquista de Argos, partiu para a Macedónia (cf. 8. 137). Também Tucídides (2. 99. 3, 5. 80. 2) aceita esta mesma linhagem. Decerto com esta presença e participação em Olímpia, Alexandre pretendia exactamente ser reconhecido como grego. Sobre o relacionamento tradicional entre Argos e a Macedónia, *vide* J. Boardman, N. G. L. Hammond, *The Cambridge Ancient History*, III. 3 (Cambridge reimpr. 1990) 282.

([51]) A prova em causa, a corrida do estádio, era uma modalidade de rapidez, que consistia em cumprir o percurso do estádio de ponta a ponta, c. 200m. É muito discutido o sentido desta frase, que parece significar 'ficou em primeiro lugar *ex aequo*', por não figurar, nos registos dos vencedores olímpicos, o nome de Alexandre I da Macedónia.

recebido como oferta de Dario, em recompensa de lhe ter preservado a ponte([52]) – terreno esse situado na margem do rio Estrímon, que dá pelo nome de Mírcino. Por ter tomado conhecimento da iniciativa de Histieu, Megabazo, mal que chegou a Sardes com os Peónios, fez a Dario esta observação: 'Meu senhor, que ideia foi a tua de concederes a um grego, esperto e sabido, que fortificasse uma cidade na Trácia, numa região onde não falta madeira para a construção naval e remos com fartura, além de minas de prata, cercada de uma grande população de Gregos, como também de bárbaros([53]), que, se arranjam um chefe, vão seguir, dia e noite, as instruções que ele lhes der? Evita que esse sujeito prossiga com o que está a fazer, antes que te vejas metido numa guerra à porta de casa. Trata de o impedir, mandando-o chamar, mas com muito jeito. E quando o tiveres sob controle, arranja maneira de que não volte nunca mais para o meio dos Gregos'. 2.

3.

Com estas observações, foi fácil a Megabazo convencer Dario, por ser correcta a previsão que fazia do que poderia vir a acontecer. Enviou então o rei um mensageiro a Mírcino com este recado: 'Histieu, são estas as palavras do próprio Dario: por mais que pense no assunto, não encontro ninguém mais bem intencionado do que tu, no que se refere à minha pessoa e aos meus interesses. Esta é uma realidade que eu pude constatar não por palavras, mas por actos. Sendo assim, num momento como o actual em que tenho em mente a realização de grandes projectos, apresenta-te na corte sem demora, para eu te submeter esse programa'. Confiante no convite, ou por considerar uma grande honra vir a ser conselheiro régio, Histieu partiu para Sardes. Mal que chegou, disse-lhe Dario: 'Histieu, eis o motivo por que te mandei chamar. Depois de ter regressado da Cítia e de te ter perdido de vista, não houve nada de que, neste pouco tempo, eu sentisse tanto a falta como de te rever e de conversar contigo. Sei por experiência que, de todos os bens, o mais precioso é um amigo avisado 24. 1.

2.

3.

([52]) *Vide supra* 5. 11. 1-2 e respectiva nota. A indicação de que Histieu não se limitava a fundar uma cidade, mas lhe dava a estrutura de uma fortaleza, desperta em Megabazo suspeitas justificadas. Sobre as ambições de Histieu em relação a este espaço geográfico, *vide* J. B. Bury, S. A. Cook, F. E. Adcock, *The Cambridge Ancient History*, IV (Cambridge 1969) 88.

([53]) Para além de todas as vantagens estratégicas e financeiras que possui, esta região tem acessível uma população numerosa, onde facilmente se poderão recrutar mercenários. Se os Gregos não são, nesse espaço, uma presença forte, são no entanto a sugestão da proximidade do inimigo.

4.
e leal – qualidades que encontrei em ti, posso testemunhá-lo, no que aos meus assuntos diz respeito. Pois neste momento, uma vez que tomaste a decisão acertada de comparecer, faço-te a seguinte proposta: deixa Mileto e essa cidade recém-fundada na Trácia, e acompanha-me até Susa. Aí vais partilhar de tudo o que eu possuo, na condição de meu comensal e conselheiro' ([54]).

25. 1.
Com estas considerações, Dario, depois de ter nomeado Artafernes ([55]), seu irmão pelo lado paterno, governador de Sardes, partiu para Susa na companhia de Histieu. Designou entretanto, como comandante das tropas no litoral, Otanes, cujo pai, Sisamnes, pertenceu aos juízes régios. Mas porque, por dinheiro, deu uma sentença injusta, o rei Cambises mandou-o degolar e arrancar-lhe a pele. Com ela, depois de arrancada e cortada em tiras, forrou o trono onde

2.
Sisamnes se sentava para julgar. Após ter mandado forrar esse trono, Cambises designou como juiz, no lugar de Sisamnes que tinha mandado matar e esfolar, o filho do mesmo Sisamnes, com a recomendação de que se lembrasse de qual era o trono em que se sentava para exercer justiça.

26.
Pois este Otanes, o tal que ocupava o referido trono e que sucedeu a Megabazo no comando das tropas, dominou os povos de Bizâncio e da Calcedónia, tomou Antandro na Tróade e ocupou Lampónio; com navios disponibilizados pelos Lésbios, tomou também Lemnos e Imbros, ambas nesse tempo habitadas por Pelasgos ([56]).

([54]) Estas eram as honras supremas concedidas por um soberano persa: a de admitir alguém à sua mesa e de lhe ouvir as opiniões, distinção concedida a poucos (cf. 3. 132. 1, 7. 119).

([55]) Artafernes assumiu, portanto, o cargo de governador da Lídia e, com ele, a superintendência da Iónia. Corria então o ano de 512 a. C.

([56]) Tudo indica que não se tratou de anexar novos territórios ao império persa, mas de pacificar e de controlar cidades que entretanto se haviam revoltado. De facto, Aríston, tirano de Bizâncio, tinha integrado a campanha de Dario na Cítia (4. 138. 1). Por sua vez a Calcedónia tolerara, em terreno próximo, a ponte de barcas sobre a qual Dario tinha atravessado o Bósforo (4. 85. 1). Situava-se a Calcedónia – que era colónia de Mégara – do lado asiático do estreito do Bósforo. As cidades de Antandro e Lampónio, implantadas na costa asiática, eram colónias de Mitilene. Com todas estas conquistas, no continente e nas ilhas, os Persas ganhavam o domínio da zona norte do Egeu. Os Pelasgos eram, segundo o conceito grego, autóctones e anteriores aos Helenos, com uma expressão claramente arcaica. Em zonas periféricas e mais conservadoras, a sua presença era ainda sentida como diversa dos Gregos. Sobre os Pelasgos, cf. 1. 57 e respectiva nota, 2. 56. 1, 8. 44. 2.

27. 1. Os Lémnios resistiram com denodo e só com o tempo vieram a sucumbir, sem deixar de oferecer resistência. Aos que, de entre eles, lograram sobreviver, os Persas impuseram como governador Licareto, irmão de Meândrio, aquele mesmo que tinha exercido o poder em Samos([57]). Este Licareto veio a morrer em Lemnos durante o tempo da **2.** governação. Decerto a razão de ser desta campanha era a seguinte: reduzia à escravatura e aniquilava todas estas populações, a umas sob acusação de terem desertado da campanha contra a Cítia, a outras de terem feito obstáculo ao exército de Dario, no momento da retirada da Cítia.

28. 1. Foi esta a política de Otanes enquanto comandante. Em seguida, por um período que não foi longo, a agitação amainou([58]). Mas logo uma segunda fase de incidentes atingiu os Iónios, causada por Naxos e por Mileto([59]). Naxos distinguia-se entre as ilhas pela pros-

---

([57]) Heródoto destaca agora o caso de Lemnos, pela resistência longa que soube opor ao ataque persa. De Licareto tinha já sido feita menção em 3. 143. 1-2.

([58]) Há, neste passo, um problema de leitura do texto no que se refere à palavra que uns lêem ἄνεσις (OCT, Legrand), outros ἀνανέωσις (Nenci). Parece, no entanto, previsível que, para justificar o retomar da agitação na Iónia, se pudesse referir neste momento um período de tréguas.

([59]) Porque não parece que as consequências dos movimentos militares de Otanes se tenham feito sentir directamente sobre a Iónia, entre os comentadores modernos há quem procure em crises anteriores um primeiro momento para a agitação deste território e o encontre nas campanhas de Creso (1. 6. 2, 1. 26-27) ou de Ciro (1. 161-171) contra a região. Ou simplesmente entenda que Heródoto não se esteja a referir a nenhuma crise em particular, mas ao desencadear de 'uma nova fase' de instabilidade generalizada na Iónia.

A ilha de Naxos, então a viver uma época de grande prosperidade, conseguida à custa de uma bem sucedida actividade de comércio e de indústria, tinha mesmo, como Heródoto o afirmará mais adiante (5. 31. 2), um ascendente político sobre as restantes ilhas do mesmo espaço geográfico. O bem-estar de Mileto resultava sobretudo de um longo período de paz: depois de Trasíbulo ter negociado um tratado de paz com Aliates (1. 22. 4), já em 600 a. C., um acordo semelhante se estabeleceu com Ciro, em 547 a. C. (1. 141. 4). E mesmo se experimentou algumas oscilações, em uníssono com a própria experiência dos impérios lídio e persa, que lhe eram vizinhos, Mileto era de facto a cidade mais próspera da Ásia Menor. É exactamente por volta de 499 a. C., em consequência da revolta iónica e dos profundos inconvenientes que causou aos Gregos da região, que Mileto perde a liberdade (494 a. C.). Ao longo do século VI, porém, Mileto não só se distingue pela supremacia que detém como potência marítima e comercial, mas brilha também por um enorme ascendente intelectual. Nomes como os de Tales, Anaximandro e Anaxímenes aí desencadearam a sua actividade. Cf. C. J. Emlyn-Jones, *The Ionians and Hellenism* (London 1980) 18 sq.; *The Cambridge Ancient History*, III. 3, 196-201; *The Cambridge Ancient History*, IV, 87-89. A própria opulência e bem-estar económico aparecem como propulsores de aventuras imprudentes e de resultados funestos.

peridade que detinha; por seu lado Mileto, pela mesma época, estava no auge do poder, tornando-se assim uma referência para a Iónia. Em tempos anteriores, durante duas gerações([60]), tinha sido vítima de uma profunda instabilidade interna, até que os Pários aí restabeleceram a ordem. Porque foram eles que os Milésios, de entre todos os Gregos,

29. 1. elegeram para uma missão conciliatória. A política de reconciliação promovida pelos Pários foi a seguinte. Quando os seus representantes, cidadãos de primeira qualidade, chegaram a Mileto, verificando o caos administrativo em que a cidade se encontrava, declararam que pretendiam passar em revista a região. E, no decurso desta visita, que se estendeu por toda a Mileto, de cada vez que, no meio da devastação dos campos, encontravam um terreno bem cultivado, registavam o

2. nome do proprietário respectivo. Depois de passarem a pente fino toda a região e de terem encontrado, em boas condições, um número insignificante de propriedades, mal que regressaram à cidade convocaram uma assembleia e designaram como administradores do estado aqueles que encontraram com os seus campos bem cultivados. Afirmaram estar convencidos de que aqueles homens se ocupariam dos interesses públicos com o mesmo empenho que punham nos seus próprios. Decidiram ainda que os outros Milésios, até então responsáveis pela agitação social, lhes aceitassem a autoridade ([61]).

30. 1. Foi este o processo por que os Pários restabeleceram a ordem pública em Mileto. Mas foi também então que, das cidades que referi, adveio a crise para a Iónia em função dos factos que passo a relatar. De Naxos foram exilados, por determinação do povo, cidadãos de peso

2. que, depois de expulsos, se dirigiram para Mileto ([62]). Dá-se o caso de

---

([60]) Estas duas gerações de instabilidade interna devem ser as que ocuparam o espaço temporal que decorre entre o final da tirania de Trasíbulo (c. 590 a. C.) e o início do poder de Histieu (c. 525 a. C.). O recurso a um árbitro do exterior para intervir na conciliação social de um estado é algo não raro na diplomacia antiga, de que Heródoto dá também notícia em 4. 161. 2-3.

([61]) Heródoto defende que coube aos senhores da terra, nesta política conciliatória, o controle da situação. Schrader (52) não deixa de lembrar, com oportunidade, que uma intervenção persa podia ter influenciado também um novo rumo na vida de Mileto, com vista à instauração de Histieu no poder.

([62]) Estamos cerca do ano de 500 a. C., na iminência do estalar da revolta iónica (499-494 a. C.), por motivos que têm o aspecto de ocorrências ocasionais com um desfecho à partida imprevisível. Mas naturalmente que estas circunstâncias foram mero pretexto para o estalar de um conflito que tinha raízes mais profundas e generalizadas. Por um lado, existia o descontentamento dos Iónios pela autoridade persa exercida

ser, na altura, governador da cidade Aristágoras, filho de Molpágoras, genro e primo de Histieu, filho de Liságoras, que Dario retinha em Susa. Histieu é que era de facto o tirano de Mileto, só que se encontrava em Susa quando chegaram os Náxios, que com ele tinham anteriores relações de hospitalidade [63]. Quando os Náxios chegaram a Mileto, foi a Aristágoras que dirigiram o seu pedido, solicitando--lhe a disponibilização de uma força para que pudessem regressar à pátria. Ele, na expectativa de, caso os seus hóspedes regressassem à pátria por sua interferência, se tornar governador de Naxos [64], usou como pretexto o elo de hospitalidade que os ligava a Histieu para lhes dar esta resposta: 'No que me toca em particular, não estou em condições de vos disponibilizar uma força capaz de vos reintegrar em Naxos, contra a vontade dos que detêm o poder da cidade. Porque tenho informação de que os Náxios dispõem de 8 000 hopli-

3.

4.

---

autocraticamente sobre as suas diversas cidades. Não menos gravosa, a reforma tributária implementada por Dario (3. 89-90) não gozaria, nesta região, de uma grande popularidade. Por fim, o desfecho da campanha cita, que não tinha sido favorável ao grande invasor persa, tinha posto a nu alguma debilidade subjacente à imagem do seu enorme potencial. Razões não faltavam a uma rebelião, que parecia aguardar apenas um rastilho para explodir.

E o rastilho ocorreu, como afirma Heródoto, motivado por Naxos e Mileto. Também em Naxos, os meados do século VI tinham correspondido ao exercício de um poder tirânico, sob o controle de Lígdamis (1. 64. 2), instalado no poder por interferência do ateniense Pisístrato, c. 545 a. C. Quando, duas décadas passadas, a autoridade de Lígdamis ruiu (c. 524), sucederam-se-lhe as habituais dissensões resultantes do confronto entre a classe aristocrática e o povo. Pelo que neste passo afirma Heródoto, pode perceber-se que, c. 500 a. C., a facção popular conseguira um certo ascendente sobre o lado oligárquico da ilha. Cf. *The Cambridge Ancient History*, IV, 100-101.

[63] Aristágoras e Histieu foram os propulsores dos acontecimentos que despoletaram a revolta iónica, que colocou os Gregos da Iónia em luta contra o império persa. Esta aventura veio a culminar em perdas profundas para os revoltosos: derrota dos Iónios, fuga de Aristágoras e de Histieu, e a destruição de Mileto. Estas duas personagens, das melhores famílias da cidade, tinham a ligá-las vínculos de família e objectivos políticos na gestão colectiva. Na época do afastamento de Histieu em Susa, Aristágoras ficou encarregado de gerir os destinos de Mileto, como uma espécie de regente.

[64] Heródoto não poupa a Aristágoras a denúncia de ter sido uma ambição desmedida que norteou, desde o princípio, a sua actuação. Naturalmente a disponibilização de um contingente sob seu comando, ao serviço dos interesses dos exilados de Naxos, dava-lhe a oportunidade de combater os detentores do poder na ilha e de chamar a si essa autoridade. Sobre este episódio e a personalidade ambiciosa de Aristágoras, *vide* J. B. Bury, S. A. Cook, F. E. Adcock, *The Cambridge Ancient History*, IV (Cambridge 1969) 216.

5. tas(⁶⁵) e de uma armada de grandes dimensões. Mas vou empenhar os melhores esforços para encontrar uma solução. Eis o projecto que tenho. Acontece que Artafernes é meu amigo. Ora Artafernes, como vocês sabem, é filho de Histaspes e irmão do rei Dario, e tem sob seu comando toda a zona litoral da Ásia, para tal dispondo de um exército considerável e de navios em quantidade(⁶⁶). Penso que é este o homem
6. certo para levar a cabo os nossos desejos'. Ao ouvirem estas considerações, os Náxios encarregaram Aristágoras de agir como melhor entendesse. Deram-lhe carta branca para prometer benesses e o pagamento da manutenção das tropas, que eles próprios assegurariam, com a firme esperança de que, quando reaparecessem em Naxos, obteriam dos Náxios tudo o que ordenassem. Como aliás também da gente das outras ilhas. Dessas ilhas, das Cíclades, nenhuma estava ainda sob o domínio de Dario(⁶⁷).

31. 1. Aristágoras partiu para Sardes onde comunicou a Artafernes que Naxos era uma ilha de dimensões não muito amplas, mas em contrapartida bela, produtiva e próxima da Iónia; além disso senhora de riquezas e de escravos em quantidade(⁶⁸). 'Trata portanto de enviar contra essa região um exército e de restabelecer nela a posição dos
2. exilados. Se empreenderes este projecto, eu posso disponibilizar-te somas avultadas, sem contar os gastos da expedição (porque essas despesas cabe-nos a nós, que somos os promotores da campanha, suportá-las; além de que podes acrescentar ao património régio as ilhas, a própria Naxos e outras que lhe estão na dependência, Paros,
3. Andros e as restantes com o nome de Cíclades(⁶⁹). Fazendo desse

---

(⁶⁵) Este total de hoplitas tem parecido muito exagerado para a dimensão de Naxos, a não ser que inclua contributos de outras ilhas que lhe estavam sob o controle político.

(⁶⁶) *Vide supra* 5. 25. 1 e respectiva nota.

(⁶⁷) A promessa dos Náxios foi magnânima: presentes, que têm o ar de uma tentativa de corrupção sobre Artafernes, as despesas com a expedição, e ainda uma vaga promessa de transferirem o poder nas Cíclades para a alçada do rei persa. Até então, só Lemnos e Imbros tinham sido anexadas por Otanes (*vide supra* 5. 26).

(⁶⁸) Aristágoras procura argumentos convincentes para atrair Artafernes ao projecto; primeiro os que dizem respeito à prosperidade de Naxos (cf. *supra* 5. 28 e respectiva nota) e a todas as qualidades que podiam fazer da ilha um alvo apetecido. A própria localização geográfica, próxima da Iónia, marcava a acessibilidade do território ou até uma afinidade natural com a Ásia fronteiriça.

(⁶⁹) Aristágoras é agora mais explícito sobre o assunto da anexação das ilhas ao poder persa. Das Cíclades, destaca Paros e Andros, que são as maiores, mais próximas de Naxos e portanto mais acessíveis à autoridade desta ilha. Schrader (57) recorda com

espaço a tua base, facilmente poderás deitar mão à Eubeia, que é uma ilha vasta e próspera, não inferior a Chipre e muito mais fácil de conquistar(⁷⁰). Cem embarcações é quanto basta para uma investida contra todas essas ilhas'. Foram estes os termos da resposta que recebeu. 'A iniciativa que propões é favorável aos interesses da casa real e todos os teus conselhos são sensatos, à excepção do número de embarcações. Em vez de cem, duzentos navios vão estar disponíveis por altura da primavera(⁷¹). Mas importa que o próprio monarca dê a sua concordância ao plano'.

4.

Aristágoras, quando tal ouviu, voltou a Mileto no maior entusiasmo, enquanto Artafernes enviava a Susa um emissário, que expusesse as pretensões de Aristágoras. Obtida a concordância de Dario, equipou 200 navios e um corpo de tropas poderoso, formado por Persas e por outros aliados(⁷²). Para comandar esta força designou Megábates(⁷³), um persa de linhagem aqueménide, seu primo e tam-

32.

---

a propósito como o estímulo à rivalidade entre os homens de confiança do rei podia ser um argumento de peso: se Otanes tinha anexado Lemnos e Imbros, Artafernes veria com bons olhos a oportunidade de mostrar também bons resultados neste espaço.

(⁷⁰) Aristágoras permite-se agora projectos mais especulativos: controladas as Cíclades, Eubeia pode ser o alvo seguinte. O paralelo com as dimensões de Chipre, bem conhecida no oriente, é bastante exagerado, porque esta é uma ilha com o dobro do tamanho de Eubeia.

(⁷¹) A primavera em causa é a do ano de 499 a. C.

(⁷²) Este conjunto de forças enviado pelos Persas representa, na tradição da convivência política na Ásia Menor, uma novidade a registar. É sobretudo o contingente de navios a merecer destaque; não se sabe a proveniência destas embarcações, se fornecidas pelas cidades iónicas sob domínio persa ou pelos Fenícios. Mas a verdade é que, com elas, os Persas ousavam um passo nunca antes arriscado: o de um ataque marítimo contra território grego, as Cíclades concretamente. Este é um aspecto inovador na política persa para aquele espaço, que não podia deixar de desencadear no espírito grego uma forte reacção de alerta. Por outro lado, à medida que o império persa se alargava, a capacidade de recrutar aliados, ou seja, combatentes entre as populações dominadas, era claramente maior.

(⁷³) Megábates, de linhagem aqueménide, é membro da casa real persa e parente do rei. A propósito desta personagem, Heródoto recorda, com reservas, um episódio que criou a ideia de uma estranha pretensão do Lacedemónio Pausânias, de obter, com ajuda persa selada por um casamento com um membro da casa real, um estatuto de tirano da Grécia. Analisemos os pormenores adiantados por Heródoto. 'Tempos mais tarde' quer dizer concretamente cerca de 25 anos mais tarde, em 474 a. C., quando Bizâncio caiu em mãos gregas. A personalidade de Pausânias tem, a nível dos acontecimentos na Grécia na primeira metade do século V, uma leitura paradoxal. A sua intervenção na vitória grega de Plateias, contra o invasor persa, mereceu elogios rasgados a Heródoto (9. 64. 1). Mas a tendência posterior de se aproveitar de uma aliança com

33. 1.

2.

3.

4.

bém primo de Dario; este homem era o mesmo cuja filha, se é verdade o que corre, o lacedemónio Pausânias, filho de Cleômbroto, veio a pretender, tempos mais tarde, para esposa, movido pelo desejo ardente de vir a ser tirano da Grécia. Depois de designar Megábates para comandante deste exército, Artafernes enviou-o ao encontro de Aristágoras. Em Mileto, Megábates agregou a si Aristágoras com as tropas iónias e náxias e fez-se ao mar aparentemente rumo ao Helesponto. Só que, em águas de Quios, conduziu a armada até Cáucasa (74), para de lá, com vento do norte, fazer a travessia para Naxos.

    Como estava escrito que não seria esta expedição a causar a ruína de Naxos, ocorreu o incidente seguinte. Numa ronda que Megábates fazia à guarda dos navios, não encontrou ninguém de sentinela num barco de Mindo (75). Megábates considerou o caso uma falta grave; logo que os seus lanceiros encontraram o responsável do navio, Cílax de seu nome, ordenou-lhes que o amarrassem, metido num escovém na parte baixa do navio, com a cabeça fora do barco e o corpo dentro. Enquanto Cílax estava preso, houve alguém que vem prevenir Aristágoras de que Megábates tinha aprisionado o seu hóspede de Mindo e o sujeitava a uma humilhação. O milésio apresentou-se para solicitar ao persa o perdão, sem que a sua petição obtivesse qualquer resultado. Tomou ele então a iniciativa de ir pessoalmente lá abaixo libertá-lo. Informado do sucedido, Megábates reagiu da pior maneira e voltou-se contra Aristágoras. Este argumentou: 'O que tens tu a ver com este assunto? Não te enviou Artafernes com indicação de me obedeceres e de navegares de acordo com as minhas ordens? Porque te metes no que te não diz respeito?' Foram estes os remoques de Aristágoras. Sentindo-se ultrajado por eles (76), mal que se fez noite,

---

a Pérsia em benefício pessoal, numa clara traição dos interesses da pátria, é também referida por Tucídides (1. 128-134), que regista a pretensão de casamento de Pausânias com a filha do próprio monarca, Xerxes.

(74) A cidade de Cáucasa situava-se na costa sudeste da ilha de Quios, que se tornou conhecida como local de um templo de culto a Apolo e Ártemis. Fica claro que a ilha de Quios, mesmo se não dominada pelo poder persa, se mostrou disposta a dar-lhe esta colaboração, como ponto de escala na campanha contra Naxos.

(75) Mindo era uma cidade cária, situada na faixa costeira ocidental e dotada de porto. Porque próxima de Halicarnasso, terra natal de Heródoto, seria uma zona bem conhecida do historiador.

(76) É óbvio que o persa Megábates não tolerou o ascendente a que o milésio se arrogava com direito no comando das tropas. Assumiu então a traição como a vingança mais eficaz.

Megábates enviou a Naxos numa embarcação uns tantos homens a avisarem os Náxios de tudo o que se preparava contra eles. A verdade é que os Náxios não faziam a mínima ideia de que esta frota viesse atacá-los (⁷⁷). Mas perante a informação transportaram de imediato, dos campos para a cidadela, tudo o que lá tinham, fizeram aprovisionamento de víveres e de bebida, na perspectiva de um cerco, e reforçaram as muralhas. Portanto desse lado faziam-se os preparativos como diante de uma guerra iminente; do outro, quando os atacantes passaram com os navios de Quios a Naxos, defrontaram-se com uma população preparada para a resistência, que mantiveram cercada durante quatro meses. Por fim, quando o dinheiro que os Persas tinham trazido se esgotou, fora aquele e não foi pouco que Aristágoras acrescentou do seu próprio bolso – sendo que o cerco exigia ainda mais –, os invasores construíram fortificações para os foragidos de Naxos (⁷⁸) e retiraram-se para o continente, com um saldo muito negativo em carteira. **34**. 1. 2. 3.

Aristágoras estava incapaz de cumprir a promessa feita a Artafernes. Ao mesmo tempo via-se apertado pelas despesas de manutenção que o exército exigia; atemorizava-o o insucesso das tropas e a incompatibilidade que tinha com Megábates; vinha-lhe à cabeça que a autoridade sobre Mileto lhe fosse retirada (⁷⁹). Pressionado por estes **35**. 1. 2.

(⁷⁷) Em geral os comentadores modernos (Legrand, Schrader) duvidam da veracidade destas informações de Heródoto. Têm como inverosímil a ideia de que os Náxios não tivessem a mínima suspeita do ataque que se preparava. Mas desconfiam também de que fosse concreta a traição de Megábates, que assim punha em causa, por uma atitude de melindre pessoal, uma expedição que tinha merecido o aval do próprio Dario. *Vide*, sobre este assunto, a opinião de Bury, Cook, Adcock, *The Cambridge Ancient History*, IV, 217. Tanto mais que Megábates veio a merecer posteriormente do rei uma prova de confiança, ao ser nomeado governador da Frígia (cf. Tucídides 1. 129. 1).

(⁷⁸) Ou seja, as forças persas retiraram, deixando no terreno, abrigados em fortalezas, os Náxios exilados, de modo a poderem manter-se na ilha, resistir ou, quem sabe, conseguir mesmo alguma vantagem no terreno. Por outro lado, o lapso de tempo entretanto passado – quatro meses – talvez signifique que, chegado o outono, se tornava difícil prosseguir com uma campanha naval.

(⁷⁹) As motivações que levam Aristágoras a desencadear uma revolta iónica contra os Persas são, na perspectiva de Heródoto, pessoais e mesquinhas: o fracasso da campanha contra Naxos e sobretudo o medo de se ver despojado da autoridade sobre Mileto. O historiador de Halicarnasso, talvez pela experiência directa do que a sua cidade teve a perder com esta ocorrência, tem uma atitude fundamentalmente crítica em relação à revolta iónica e aos seus responsáveis, Aristágoras em particular. Na verdade, o argumento patriótico avançado em defesa da rebelião mal esconde a quota de ambição pessoal como seu verdadeiro móbil.

3. diversos temores, decidiu preparar uma revolta. Por coincidência ([80]), chegou de Susa pela mesma ocasião, enviado por Histieu, o famoso mensageiro que trazia tatuada na cabeça uma informação a sugerir a Aristágoras que se revoltasse contra o rei. Quando Histieu decidiu incitar Aristágoras à rebelião, não viu outra forma segura de lho comunicar, de tal modo o controle das estradas era apertado. Mandou então rapar a cabeça do mais leal dos seus escravos, tatuou-lhe a mensagem e aguardou que o cabelo voltasse a crescer. Mal ele cresceu, mandou o homem a Mileto sem outra recomendação que não fosse a de que, quando lá chegasse, dissesse a Aristágoras que lhe rapasse o cabelo e lhe observasse a cabeça. A mensagem, como eu disse acima,
4. incitava à revolta ([81]). Histieu adoptou este comportamento porque lhe era intolerável tão longa retenção em Susa. Em caso de revolta, tinha uma grande esperança de ser enviado para o mar; em contrapartida, se nenhuma crise estalasse em Mileto, não via forma de lá regressar alguma vez.

36. 1. Foi com estas preocupações que Histieu remeteu a mensagem, e a coincidência de todas estas circunstâncias veio influenciar Aristágoras. Trocou, por isso, impressões com os revoltosos ([82]), a quem

---

([80]) 'Por coincidência', como se mão superior patrocinasse as vontades humanas para desencadear um determinado processo histórico, chegou de Histieu uma mensagem que reforçava o mesmo projecto, embora as motivações do tirano de Mileto fossem de outra natureza. Alguma agitação na sua cidade era, do seu ponto de vista, a oportunidade para sair da gaiola dourada de Susa e regressar à pátria. Tal anseio, natural num exilado, não suscita uma reprovação viva de Heródoto. Mas está implícita deste passo da narrativa a oposição de interesses entre os dois milésios: o regresso do verdadeiro senhor da cidade liquidaria as pretensões daquele que aí deixara como seu regente.

([81]) Histieu conhecia a vigilância apertada a que estava sujeita a estrada que conduzia de Susa a Sardes e à costa do Egeu (cf. *infra* 5. 52). De resto, a vigilância dos caminhos era uma prática comum já desde o tempo dos Medos: cf. 1. 123. 3-4, 7. 239. 3. Por isso, uma mensagem de rebelião tinha de ser muito bem dissimulada. Para maior segurança, nem mesmo o portador conhecia os termos do seu conteúdo. Esta história do escravo tatuado, bem concebida ainda que fantasiosa, conheceu, entre os antigos, uma evidente popularidade: vide, *e. g.*, Polieno, *Estratagemas* 1, 24; Ovídio, *Arte de amar* 3. 626; Aulo Gélio, *Noites áticas* 17. 9. 22. Atentos ao facto de que, depois de tatuada a cabeça e até o cabelo crescer era indispensável ocultá-la sob um gorro, alguns comentadores encontram neste pormenor a marca da origem oriental da história. Um grego, que habitualmente não usava nada na cabeça, pareceria, com um gorro, de imediato suspeito.

([82]) Esta referência a correligionários traz de repente, à ideia de rebelião, uma dimensão diferente daquela que circunscrevia ao insucesso da campanha de Naxos e subsequentes temores de Aristágoras o impulso para a revolta. Afinal, quem sabe se, ainda antes da malograda campanha, não havia já uns subterrâneos movimentos de sublevação? Só interesses mais alargados podem justificar esta mobilização geral.

expôs o seu ponto de vista pessoal, bem como a mensagem vinda de
Histieu. Todas as opiniões convergiram no mesmo sentido e apelaram   2.
à revolta, excepção feita a Hecateu, o logógrafo ([83]). Antes de mais,
reprovava que se empreendesse uma guerra contra o Rei persa,
enumerando todos os povos sob a autoridade de Dario e o poder que
detinha. Depois, como não lograva convencê-los, passou a incentivá-los
a conquistarem, com os seus navios, o controle do mar. E, ao que   3.
afirmava, não via outra forma de o conseguir (sabendo como sabia que
o potencial de Mileto era medíocre), que não fosse a captação dos
fundos do santuário dos Brânquidas, aí consagrados por Creso da
Lídia ([84]). Alimentava firmes esperanças de que eles conseguissem o
controle do mar e, por este meio, poderiam dispor em proveito próprio
desses dinheiros e, ao mesmo tempo, evitar que os inimigos os
pilhassem. Tratava-se de fundos consideráveis, como deixei patente   4.
no primeiro dos meus relatos ([85]). Esta proposta não teve aprovação;

([83]) Hecateu de Mileto é um dos primeiros autores de uma narrativa de natureza historiográfica e geográfica entre os Gregos. É garantidamente um nome conhecido em data anterior a Heródoto, que aproveita das suas informações, e terá intervindo, como político, no dealbar da revolta iónica, c. 500 a. C., altura em que deu aos Iónios as sugestões que o historiador de Halicarnasso aqui regista. Parece ter sobrevivido mesmo às guerras pérsicas, porque a sua morte se aproxima do ano de 476 a. C. Em consequência de longas viagens, pelo Egipto, Grécia e região do mar Negro, organizou delas um relato – a sua *Periegesis* ou *Periodos ges* –, e mesmo um mapa da terra, o segundo conhecido depois do de Anaximandro. Apesar de aproveitar do relato de Hecateu algumas informações, Heródoto tende a ridicularizar os autores de mapas que considerava ignorantes. Cf. M. Helena Rocha Pereira, Heródoto. *Histórias Livro 1º* (Lisboa 1994) XVII-XIX. Do conhecimento adquirido nessas viagens resulta a competência de Hecateu para se pronunciar sobre as dimensões e potencial do império persa.

([84]) Para além do conselho sensato de que a vantagem dos Gregos estaria sempre no seu potencial marítimo, Hecateu tinha sugestões interessantes a fazer também sobre a forma de se encontrar os fundos necessários a esse reforço de poder. A sua sugestão vai para os tesouros depositados no santuário de Apolo em Dídima, a uma escassa dezena de quilómetros a sul de Mileto. O nome da família dos Brânquidas, descendentes de Branco, associava-se ao santuário como a linhagem por tradição incumbida do culto aí celebrado (cf. 1. 46. 2, 1. 92. 2, 1. 157. 3, 1. 158. 1, 1. 159. 1). Este templo famoso veio a ser destruído em 494 a. C. (cf. 6. 19).

([85]) Heródoto remete para o *logos* de Creso, ou seja, para o conjunto de capítulos que, no seu Livro 1º, aludem aos acontecimentos em torno do monarca lídio (cf. 1.6-94). O episódio aqui concretamente aludido corresponde ao momento em que Creso, determinado a fazer uma campanha contra Ciro, manda consultar vários dos oráculos mais célebres do tempo (cf. 1. 46. 2), entre quais o dos Brânquidas. Já com Creso prisioneiro, depois da queda de Sardes, Heródoto recorda muitas oferendas com que generosamente Creso presenteou vários oráculos, entre os quais o dos Brânquidas, que recebeu tesouros equivalentes àqueles com que o monarca lídio distinguiu Delfos (cf. 1. 92. 2).

37. 1.

2.

foi, pelo contrário, a decisão da revolta que prevaleceu; um elemento do grupo navegou então rumo a Miunte ([86]), ao encontro das forças vindas de Naxos aí aquarteladas, para tentar capturar os comandantes que se encontravam a bordo dos navios. Foi Iatrágoras o encarregado dessa missão. Através de uma cilada aprisionou Olíato, filho de Ibanolis, de Milasa, Histieu, filho de Timnes, de Térmera, Coes, filho de Erxandro, a quem Dario tinha presenteado com Mitilene, Aristágoras, filho de Heraclides, de Cime, e muitos outros ([87]). Aristágoras pôs-se assim em atitude de rebelião declarada e desencadeou maquinações de todo o género contra Dario. Para começar, renunciou, numa declaração meramente verbal, à tirania e estabeleceu em Mileto a igualdade de direitos, para conciliar o apoio dos Milésios à sua posição ([88]). De seguida, pôs em vigor, por toda a Iónia, a mesma política; a alguns tiranos expulsou-os, àqueles que o seguiram na expedição contra Naxos e que tinha capturado; num gesto de boa vontade para com as cidades de sua proveniência, entregou cada um à respectiva comuni-

---

([86]) Miunte, na antiguidade, situava-se no golfo de Mileto, junto à foz do rio Meandro. Mais tarde, uma barreira de aluviões depositados pelo rio levou a que se prolongasse a distância entre a cidade e o mar. Modernamente essa distância dilatou-se para cerca de 20 quilómetros. Esta abordagem da frota aquartelada em Miunte ocorre no inverno de 499 a. C., depois de terminada a campanha contra Naxos, o que explica a presença de uma armada iónico-persa no golfo de Mileto, exactamente a que estivera em Naxos. Por isso se tornava possível a captura dos comandantes dos navios, muitos deles gente grada de entre os tiranos ao serviço de Dario.

([87]) Com esta missão, os revolucionários pretendiam envolver na sua causa os responsáveis pelas cidades mais destacadas da região, que se encontravam submetidas aos Persas. Eram elas Milasa e Térmera, na Cária, a primeira próxima de Mileto e residência dos soberanos cários, a segunda perto de Halicarnasso. Por fim Cime, uma cidade de fundação eólica. Por seu lado, os homens nominalmente referidos são outros tantos responsáveis pela empresa irreflectida que se anunciava. Alguns tinham para com os Persas deveres de gratidão por favores recebidos, como é o caso de Coes 'presenteado por Dario com Mitilene' (cf. 4. 97. 2, 5. 11). Mais informações sobre os dados possíveis para uma identificação mais precisa destas personalidades são fornecidas por Nenci (206-207). Sobre o sentido político desta mobilização, cf. ainda *The Cambridge Ancient History*, IV (1969), 219.

([88]) Os termos em que Heródoto se refere à substituição em Mileto, empreendida por Aristágoras, de uma tirania por uma política democrática são manifestamente irónicos. Não só a substituição foi meramente verbal, o que lhe tira toda a eficácia, como foi também demagógica, com isso pretendendo o autor da medida conciliar para si as boas graças do povo. Há quem veja nesta ironia de Heródoto um sinal de antipatia em relação ao senhor de Mileto que a realidade não justifica, porque de facto Aristágoras teria tomado medidas concretas para alterar o regime político comum na Iónia.

dade. Quanto a Coes([89]), mal que foi devolvido aos Mitileneus, foi levado para fora do território e lapidado. O povo de Cime desterrou o seu tirano e a maioria dos restantes fez o mesmo. Deu-se assim uma derrocada geral dos tiranos nas diversas comunidades. Depois de pôr fim à tirania, Aristágoras de Mileto ordenou a cada cidade que instalasse no poder os seus generais ([90]). Após o que ele próprio embarcou em missão oficial numa trirreme rumo à Lacedemónia, porque sentia necessidade de encontrar, fosse onde fosse, uma aliança forte ([91]).

38. 1.

2.

Em Esparta, tinha terminado o reinado de Anaxândrides, filho de Léon, que já tinha morrido ([92]). Era então seu filho Cleómenes ([93]) quem detinha o poder real, não por mérito próprio, mas por simples genealogia. É que Anaxândrides tinha desposado uma filha da própria irmã, por quem tinha uma grande afeição, mas que lhe não dava filhos. Perante esta situação, os éforos ([94]) chamaram-no e disseram-lhe:

39. 1.

2.

([89]) Sobre Coes, *vide* 4. 97. 2, 5. 11. 2.

([90]) Esta quebra do poder dos tiranos foi meramente pontual. Entretanto a sua autoridade tendeu a ser substituída, nas diversas cidades, por um poder militar.

([91]) Para a repetição de uma política de procura de alianças contra os Persas entre as cidades gregas, Heródoto adopta também um paralelismo evidente na técnica narrativa. Quando, décadas antes, Creso projectou atacar Ciro, desencadeou uma busca de aliados na Grécia continental (cf. 1. 56). Teve então a clara noção de que os encontraria mais poderosos em Atenas e em Esparta. Em consequência, o historiador inclui dois relatos sobre o passado das duas cidades (1. 56-64, 1. 65-70), anterior à época de Creso. Por motivos idênticos, Aristágoras aborda agora os mesmos potenciais aliados, primeiro Esparta (5. 49-51) e, por fracasso da missão na Lacónia, também Atenas (5. 97). Novos relatos sobre o passado das duas cidades até ao momento da visita de Aristágoras se incluem (5. 39-48, 5. 55-96). Por este esquema, com incidência em momentos paralelos, Heródoto consegue introduzir um excurso histórico sem uma quebra efectiva no progresso da narrativa.

([92]) Heródoto retoma a história de Esparta onde a tinha deixado, ou seja a partir do final do reinado de Anaxândrides, rei de Esparta ao tempo de Creso (1. 67. 1). Léon e Anaxândrides, da dinastia dos Agíadas, ocuparam o trono de Esparta entre, respectivamente, 590-560 e 560-520 a. C.

([93]) Cleómenes tinha sido já referido por Heródoto como rei de Esparta em 3. 148. Filho de Anaxândrides, tinha ascendido ao poder na qualidade de filho varão primogénito, nascido durante o tempo do reinado do pai. Heródoto não lhe contesta a legitimidade, mas a falta de dotes, ou mesmo a perturbação mental que fazem dele uma espécie de novo Cambises. Sobre esta personagem, *vide* J. Boardman, N. G. L. Hammond, D. M. Lewis, M. Ostwald, *The Cambridge Ancient History*, IV (Cambridge ²1988) 356-357.

([94]) Os éforos, ou 'inspectores', constituíam um colégio de cinco elementos que, como podemos ver pelo episódio de Cleómenes, tinham em Esparta uma enorme autoridade. Com um espectro de intervenção muito alargado, incumbidos que estavam de velar pela constituição e pelos bons costumes, podiam até interferir sobre as decisões de reis, de chefes militares ou de senadores.

'Se tu te não preocupas com os teus interesses, não quer dizer que nós nos não preocupemos também e que vamos permitir que se extinga a descendência de Eurístenes ([95]). Uma vez que a mulher com quem estás casado te não dá filhos, prescinde dela e casa com outra. Com este gesto, vais agradar aos Espartanos'. Ele respondeu que, das duas propostas que lhe colocavam, não seguiria nem uma nem outra. Que não era de aplaudir o conselho que lhe davam de repudiar a mulher, a quem se não podia imputar qualquer responsabilidade, para casar com outra. E que não lhes seguiria o conselho.

40. 1. Face a esta atitude, os éforos e os senadores ([96]) foram ponderar o assunto e apresentaram a Anaxândrides esta solução: 'Como tu estás – é visível – muito ligado à tua mulher, faz o que te vamos sugerir sem mais resistência, antes que os Espartanos tomem, a teu respeito, qual-
2. quer outra medida. Não vamos exigir que repudies a tua mulher; mas mesmo mantendo para com ela a ligação que neste momento tens, para além dela arranja outra que te dê filhos'. Anaxândrides cedeu a estas pressões; passou a ter duas mulheres, a viver em duas casas, o que era um procedimento de todo alheio às regras espartanas ([97]).

41. 1. Passado não muito tempo, a mulher com quem ele se juntou em segundo lugar deu à luz este Cleómenes de que falávamos. Mas, pela mesma ocasião em que ela dava aos Espartanos um herdeiro, eis que também a primeira mulher, que tinha sido estéril em todo o tempo
2. anterior, por estranha coincidência ficou grávida. A sua gravidez era efectiva. Mas os parentes da segunda mulher, informados do caso, passaram a massacrá-la, com denúncias de que ela se gabava sem razão e de que pretendia arranjar um filho suposto. Como eles se não calavam com os ataques, quando o tempo do parto se aproximou, os éforos, desconfiados, puseram-se de guarda à mulher no momento de
3. dar à luz. Depois de um primeiro filho, Dorieu, veio a ter com pouca diferença um segundo, Leónidas, e, depois dele, logo um terceiro,

---

([95]) Eurístenes, um dos antepassados dos Agíadas, pertencia à dinastia dos Heraclidas, conquistadores do Peloponeso. Ao repartirem entre si as diversas sociedades, a Eurístenes e a seu irmão Procles coube Esparta. Cf. 6. 52. 7.

([96]) Os *gerontes*, ou velhos, eram membros das famílias mais distintas e constituíam um conselho, ou *Gerousía*, de 28 membros. Para tal função eram eleitos a título vitalício.

([97]) Cf. Pausânias 3. 3. 9. A bigamia legítima estava totalmente fora das regras sociais em vigor na Grécia, por contraste com a sua prática corrente nas comunidades orientais. Só situações muito especiais poderiam com certeza permitir tal solução.

Cleômbroto(⁹⁸). Há até quem afirme que Leónidas e Cleômbroto eram gémeos. Quanto à mãe de Cleómenes, a segunda mulher, que era filha de Prinátades, filho de Demármeno, nunca foi mãe pela segunda vez.

42. 1.

Cleómenes, ao que corre, não era bem equilibrado, sofria de algum atraso mental. Dorieu, pelo contrário, era o primeiro de entre os jovens da sua idade e estava perfeitamente convencido de que, por mérito próprio, lhe havia de caber o poder régio. A tal ponto estava convicto desta ideia que, quando Anaxândrides morreu e os Lacedemónios, no estrito cumprimento da lei, nomearam rei Cleómenes(⁹⁹), que era o primogénito, Dorieu ficou indignado. Incapaz de aceitar viver sob a autoridade de Cleómenes, pediu aos Espartanos uns tantos homens e partiu a fundar uma colónia(¹⁰⁰). Mas não consultou o oráculo de Delfos sobre a região onde a havia de fundar(¹⁰¹), nem cumpriu nenhum dos rituais protocolares(¹⁰²). Num ímpeto de indignação, partiu com os seus barcos para a Líbia. Guiaram-no uns sujeitos

2.

(⁹⁸) Provava, com estes três filhos, nascidos a pouca distância, a sua fertilidade e calava as calúnias públicas. O segundo filho de Anaxândrides, Leónidas, veio também a reinar sobre Esparta, nos anos de 490-480 a. C., depois de Cleómenes, com cuja filha estava casado. O seu nome havia de tornar-se famoso pela resistência valente que opôs aos Persas nas Termópilas (cf. 7. 201-228). Cleômbroto, o terceiro dos irmãos, exerceu apenas uma curta regência após a morte de Leónidas, até à maioridade do sobrinho, Plistarco, tendo ele próprio sobrevivido muito pouco ao irmão (9. 10. 2).

(⁹⁹) É discutível o ano em que ocorreu o acesso ao poder de Cleómenes, que, no entanto, não há-de afastar-se muito de 520 a. C. Este monarca, como as ocorrências do seu reinado, são com frequência referidos por Heródoto na sua narrativa; cf. 3. 148, 5. 39, 41-42, 54, 64, 70, 72-76, 90, 6. 50-51, 61. 1, 64-66, 73-76, 78-81, 84, 85, 92, 108, 7. 148, 205, 239.

(¹⁰⁰) Há outros testemunhos antigos que mencionam esta expedição de Dorieu: cf. Diodoro 4. 23. 3; Pausânias 3. 3. 10, 16. 4-5. A sua tentativa de instalar uma colónia grega no ocidente representou um último esforço grego nesse sentido. A empresa de Dorieu é analisada por Bury, Cook e Adcock, em *The Cambridge Ancient History*, IV (Cambridge 1969) 358-362.

(¹⁰¹) Não eram estes os termos em que habitualmente um fundador de uma colónia questionava Apolo. Não se tratava de lhe pedir sugestões sobre a região onde a colónia devia ser fundada, mas de solicitar aprovação para o objectivo concreto que os consulentes tinham em mente. Mas, mais relevante do que o teor da pergunta, é o facto de a omissão da consulta constituir uma falta grave, que punha em risco o bom êxito da missão.

(¹⁰²) Os rituais protocolares no acto de fundação de uma colónia tinham sobretudo a ver com a transferência do fogo sagrado, que se recolhia no altar de Héstia, instalado num edifício público, para o reinstalar no novo território. Este elemento do fogo sagrado exprimia o vínculo que prendia a metrópole com a colónia recém-fundada.

3.
43.
de Tera ([103]). Chegado à região de Cínipe ([104]), fixou-se num território líbio com condições excelentes, junto de um rio. Mas veio a ser expulso três anos mais tarde, pelos Macas, um povo local, e pelos Cartagineses. Regressou então ao Peloponeso ([105]). Aí, um sujeito de Éleon ([106]), um tal Antícares, aconselhou-o, de acordo com os oráculos de Laio, a colonizar a 'região de Héracles na Sicília' ([107]). Segundo a versão que dava, todo o território de Érix pertencia aos Heraclidas, por ter sido conquistado pelo próprio Hércules ([108]). Informado desta

([103]) O povo de Tera tinha todas as credenciais para prestar a Dorieu este serviço. Em primeiro lugar porque tinha um ascendente espartano (4. 147-149); depois, porque se havia alguém que conhecia a Líbia era ele, na qualidade de fundador de Cirene (4. 150-153).

([104]) Cínipe é uma região líbia situada no território dos Macas, atravessada por um rio com o mesmo nome. Cf. 4. 175. 1-2, 4. 198. 1 e notas respectivas. Sobre os Macas, Heródoto, nos passos aqui citados do *logos* líbio, refere o cabelo cortado de forma a deixar uma crista ao meio da cabeça e as peles de avestruz com que se protegiam para o combate. Cínipe, a região que habitavam, favorecida pelas águas do rio (actualmente o Wadi Khaam), era excepcionalmente arborizada, espaço por isso de excepção no território em que se encontrava.

([105]) Esta empresa teve o sucesso efémero de três anos (c. 520-517 a. C.). Goraram-na os povos da região: os Macas, antes de mais, líbios que aí habitavam, como também os Cartagineses, por razões de concorrência político-económica que os Gregos lhes opunham.

([106]) Éleon era uma localidade beócia (cf. *Ilíada* 2. 500; Estrabão 9. 5. 18), próxima de Tánagra, onde ficava um oráculo famoso dos Bácidas, uma linhagem de profetas descendentes de Bácis, muito conhecido nos séculos VII e VI a. C. Aristófanes refere-se com frequência à popularidade que os oráculos de Bácis detinham, no seu tempo, em Atenas: cf., *e. g.*, *Cavaleiros* 123 sq., 1003 sq., *Paz* 1071. Também Heródoto se lhe refere amiúde: 8. 20, 77, 96. 2, 9. 43. Talvez este Antícares fosse uma espécie de adivinho que se guiava por uma colecção de oráculos que se atribuíam a Laio, o rei de Tebas e progenitor de Édipo, dentro de uma tradição semelhante àquela que atribuía colecções de oráculos a Orfeu ou Museu. Os mesmos oráculos são referidos por Sófocles, *Rei Édipo* 906-907. Para muitos comentadores, esta referência a oráculos de Laio, ou seja, recolhidos por Laio, é estranha; Nenci (214) dá conta das diversas leituras, para acabar por recusar a versão Λαίου.

([107]) Se 'a região de Héracles na Sicília' é Heracleia, coloca-se o problema de esta região não se situar no território de Érix e haver portanto uma incompatibilidade geográfica entre os topónimos aqui referidos. Para se resolver esta questão, alguns comentadores (Legrand) emendaram Ἡράκλειαν τὴν Ἡράκλειαν γῆν, de modo a poder-se entender a região em causa como mais ampla e indefinida. A ideia resultante seria a de fundar uma cidade na Sicília, que teria o nome de Héracles, ideia de resto compatível com o facto de Héracles ter deixado na ilha a sua marca. Mas esta investida de Dorieu agora na Sicília teria de provocar novos conflitos com os interesses locais, nomeadamente fenícios.

([108]) Érix era o nome de um monte situado a noroeste da Sicília. Segundo o mito de Hércules, o décimo trabalho do herói – as vacas de Gérion – consistiu em levar, dos

possibilidade, Dorieu partiu para Delfos a consultar o oráculo, para saber se poderia tomar posse do território para onde tencionava dirigir-se. A Pítia respondeu que sim. Dorieu tomou então consigo o grupo que tinha já conduzido à Líbia e partiu para Itália ([109]).

44. 1. Por essa altura, ao que afirmam os Sibaritas, eles próprios com o seu rei Télis, preparavam-se para marchar sobre Crotona ([110]). Por isso, os Crotoniatas, que se sentiam apavorados, pediram a Dorieu que viesse em seu socorro e obtiveram satisfação do que pediam. Dorieu alinhou então com eles no ataque a Síbaris, que foi tomada. Foi este, 2. na versão dos Sibaritas, o desempenho de Dorieu e dos que o acompanhavam. Mas os Crotoniatas contestam que qualquer estranho se lhes tivesse aliado na guerra contra Síbaris, excepção feita apenas a Cálias de Élide, adivinho da família dos Iâmidas ([111]), que lhes teria aderido nas circunstâncias seguintes: em fuga da corte de Télis, soberano de Síbaris, teria passado para o lado deles, porque, ao sacrificar a propósito da expedição contra Crotona, os presságios não eram favoráveis. Era esta a versão dos Crotoniatas. Cada uma das **45.** 1. partes pode invocar, a propósito da sua posição, estes testemunhos.

---

confins do oceano a ocidente, até Micenas, com vida, os animais que eram propriedade de um lendário monstro de três cabeças, Gérion, que habitava Tartesso na Hispânia (cf. 4. 8). Foi no regresso à Hélade que, na passagem pela Sicília, um dos animais se tresmalhou e foi invadir território de Érix, filho de Posídon, que o capturou. Da luta que Érix travou com Hércules resultou-lhe a morte: cf., Apolodoro 2. 5. 10; Diodoro 4. 23. 1-3; Pausânias 3. 16. 4-5. Com base neste dado mitológico, Heródoto defende a naturalidade com que um espartano ocupava território dos Heraclidas, por tradição antepassados da família real espartana (*vide supra* nota 95).

([109]) Esta segunda expedição de Dorieu terá ocorrido c. 513-512 a. C.

([110]) A guerra entre Síbaris e Crotona, que foi particularmente sangrenta, ocorreu em 511 a. C. Diodoro (12. 10. 1) recorda como os Crotoniatas, sob o efeito do medo, mesmo se vencedores, procuraram chacinar totalmente o inimigo. Era já antiga a rivalidade política e económica que suscitava hostilidades entre as duas cidades de fundação grega na Magna Grécia, antigas quanto o século VIII a. C. De Crotona, os maiores títulos de glória eram a escola médica que aí floresceu e o número de vencedores nas Olimpíadas que contabilizou. Síbaris fora já a mais rica das colónias gregas.

([111]) Esta família, descendente de Íamo, dedicava-se à adivinhação e ligava-se, pela própria naturalidade do seu herói epónimo, a Olímpia (9. 33). Aí, no templo de Zeus, estavam encarregados, juntamente com outra família, a dos Clitíades, das funções oraculares. Cf. ainda Píndaro, *Olímpica* 6. 71; Pausânias 3. 11. 6, 12. 8, 6. 2. 4, 8. 10. 5. A colaboração dada por Cálias aos Crotoniatas não tinha sido, portanto, militar, mas oracular. Graças às suas profecias, teria sido possível prever a vantagem de Crotona no conflito.

Os Sibaritas aludem a um recinto sagrado e a um templo junto ao leito seco do Crátis ([112]), que, segundo eles, Dorieu, depois de ter tomado parte na conquista da sua cidade, consagrou a Atena cognominada Crátia. E, à morte do próprio Dorieu ([113]), vão buscar este outro argumento de peso: que, se morreu, foi porque as acções de Dorieu desrespeitavam o próprio oráculo. Porque se ele não o transgredisse, se se limitasse a realizar aquilo que constituía a missão que o trouxe, teria tomado a região de Érix e, após a ter tomado, a teria conservado em sua posse; e sem ter perecido, nem ele nem o exército que comandava.

2. Os Crotoniatas, por seu lado, argumentam que a Cálias de Élide, em terras de Crotona, foram dadas prerrogativas extraordinárias sem conta ([114]), que os descendentes de Cálias detinham ainda no meu tempo. Ao passo que a Dorieu e aos seus descendentes, nada. E todavia, se Dorieu tivesse cooperado com eles na guerra contra Síbaris, lhe teriam sido dadas regalias maiores do que a Cálias. São estas as provas que cada um deles, respectivamente, invoca. Que cada um adopte aquela que lhe parecer mais convincente.

46. 1. Com Dorieu, para fundar uma colónia, tinham embarcado outros Espartanos: Téssalo, Parébates, Céleas e Eurileonte, que, chegados à Sicília com toda a armada, vieram a perecer após a derrota que lhes foi infligida pelos Fenícios e pela gente de Segesta ([115]).

([112]) O Crátis era um rio que atravessava a cidade de Síbaris, a caminho da foz, no golfo de Tarento. Outros comentadores antigos – Estrabão 6. 1. 13; Diodoro 11. 90, 12. 9 – falam deste rio; segundo Estrabão, os Crotoniatas, vencedores nesta campanha, teriam mesmo desviado o curso do rio de modo a submergir a cidade de Síbaris, para que dela não sobrasse rasto. Mantém-se controversa, entre os comentadores modernos, a participação de Dorieu nesta campanha e a consequente edificação do templo de Atena. De todas estas dúvidas não resolvidas sobressai uma única certeza: a de que o empreendimento de Dorieu na Sicília ocorreu ao tempo da queda de Síbaris, quer ele tenha ou não tomado parte nela.

([113]) Sobre a morte de Dorieu, *vide infra* 5. 46. 1. De facto, no oráculo tinha sido confirmado que Dorieu se apoderaria da terra para onde se dirigia. Ao tomar Síbaris, o oráculo estava cumprido, pelo que pretender, para além disso, a conquista de Érix era já transgredir e ultrapassar o oráculo.

([114]) Segundo a tradição local, depois de sair de Síbaris, foi acolhido em Crotona e generosamente homenageado.

([115]) Estes confrontos com Cartagineses e povos de origem fenícia, instalados na Sicília sobretudo do lado ocidental, foram mais extensos do que pode inferir-se desta afirmação de Heródoto. Se a morte de Dorieu se verificou c. 489, data próxima da de Cleómenes, ainda em 480, ano da batalha de Hímera, as hostilidades continuavam (cf. 7. 158, 165-166). Tucídides refere a mesma questão em 6. 2. 6.

Só Eurileonte, do grupo dos fundadores, escapou a este desastre. Reuniu então os sobreviventes do exército, ocupou Minoa([116]), colónia de Selinunte, e libertou os Selinúncios do poder despótico de Pitágoras. Mas, após ter derrubado este tirano, tentou ele próprio chamar a si a tirania de Selinunte e lá governou como monarca, mas por pouco tempo. Porque os Selinúncios sublevaram-se e mataram-no, apesar de ele se ter refugiado no altar de Zeus agoreu ([117]).

2.

Um outro companheiro de Dorieu, que morreu também com ele, foi Filipe, filho de Butácides, um homem de Crotona; por estar noivo de uma filha de Télis de Síbaris, fugiu de Crotona ([118]); desfeito o casamento, ele partiu rumo a Cirene; mais tarde deixou Cirene e alinhou com a expedição, com a sua própria trirreme e com um corpo de homens a seu soldo. Foi vencedor em Olímpia ([119]) e o grego mais esbelto do seu tempo. Foi devido à beleza que foi distinguido pela gente de Segesta com uma homenagem que a mais ninguém foi prestada. Sobre o túmulo ergueram-lhe um templete, e fazem-lhe sacrifícios propiciatórios.

47. 1.

2.

Foram estas as circunstâncias que rodearam a morte de Dorieu. Se se tivesse submetido à autoridade de Cleómenes e tivesse permanecido em Esparta, teria sido rei da Lacedemónia. Porque o tempo de reinado de Cleómenes não foi longo; veio a morrer sem filhos, deixando apenas uma filha, de nome Gorgo ([120]).

48.

Como íamos dizendo, Aristágoras, tirano de Mileto, chegou a Esparta no tempo em que Cleómenes estava no poder. Quando teve um encontro com o monarca – é o que corre entre os Lacedemónios –,

49. 1.

([116]) A cidade de Minoa, situada na costa sudoeste da Sicília, tinha sido, segundo uma tradição referida por Heródoto, fundada por Minos, de onde o seu nome (7. 170). Tucídides testemunha um outro motivo para a designação da cidade: como colónia de Mégara havia recebido o nome de uma ilhota vizinha da metrópole (3. 51, 6. 4).

([117]) Zeus agoreu é a divindade protectora da praça pública e por isso da vida cívica da comunidade. No seu altar se refugiou Dorieu como suplicante, sem que a protecção divina e a imunidade que concede lhe tenham poupado a vida.

([118]) Este exílio parece sugerir um conflito existente entre as duas cidades.

([119]) Talvez nas Olimpídas de 520 a. C., ou nas seguintes, em 516 a. C.

([120]) Na realidade, Cleómenes ainda reinou por cerca de 30 anos, entre 520 e 489 a. C. Logo parece que Heródoto está a cometer um erro de cronologia. Dorieu, por seu lado, morreria muito pouco tempo depois. Apesar de Cleómenes não ter deixado filhos varões, tinha irmãos que poderiam assegurar a sucessão. Assim a filha, Gorgo, veio a casar com um dos tios, Leónidas (cf. 7. 205. 1, 239. 4). Sobre Gorgo, cf. ainda *infra* 51.

2. trouxe com ele uma placa de bronze onde estava traçado o perímetro da terra e a totalidade dos mares e rios ([121]). Nesse encontro, Aristágoras dirigiu-se ao monarca nestes termos: 'Cleómenes, não te surpreendas com a minha urgência em vir aqui. A razão da minha vinda é a seguinte. Os filhos dos Iónios em vez de serem livres são escravos, o que constitui, antes de mais para nós próprios, um opróbrio e uma humilhação tremendos. Mas, entre os restantes Gregos, é-o também sobretudo para vocês, que ocupam uma posição cimeira na Grécia ([122]).
3. Pois bem, é chegada a hora, pelos deuses da Grécia, de vocês libertarem da escravidão os Iónios, que são do vosso sangue ([123]). Não vos será difícil consegui-lo. Os bárbaros não têm capacidade militar, enquanto vocês, no que à guerra diz respeito, atingiram um nível de excelência. Quanto a armamento, de que dispõem eles? De arcos e de lanças curtas. E é com calças largas e de turbantes na cabeça que
4. marcham para a batalha ([124]). Com tal equipamento tornam-se presa

---

([121]) A preferência de Aristágoras por Esparta como uma possível aliada justifica-se pelo enorme potencial militar de que a cidade dispunha na época. Só o fracasso da missão o levou a fazer uma outra tentativa em Atenas. Dentro das *Histórias*, este episódio é claramente a réplica da anterior abordagem de Creso às duas cidades gregas, por altura da guerra contra Ciro (1. 152). Os trâmites da missão diplomática de Aristágoras preservam-se na memória lacedemónia, que deles é uma fonte de informação.

Para impressionar os Lacedemónios, Aristágoras veio munido de um mapa, possivelmente o traçado por Anaximandro na primeira metade do século VI a. C., que aparece no mundo grego como uma novidade; no oriente, porém, a tradição dos mapas tinha raízes muito antigas. Este primeiro mapa veio a ser retocado e melhorado por Hecateu de Mileto, e, pelos pormenores que Aristágoras pôde mostrar em Esparta, talvez se tratasse já da versão melhorada. Sobre esta questão, vide M. H. Rocha Pereira, Heródoto. *Livro 1º* (Lisboa 1994) XVII-XVIII.

([122]) Nesta época, que corresponde a finais do século VI a. C., Esparta detinha de facto a posição da cidade mais forte da Grécia. Heródoto é dessa realidade um proclamador insistente: cf. 1. 69. 2, 1. 152. 3, 6. 108, 7. 161. 2, 8. 2. 2.

([123]) É visível que Aristágoras não hesita em recorrer a todo o tipo de argumentos, mesmo se falaciosos, para demover os Espartanos. Antes de mais ao elogio e ao apelo à responsabilidade que compete a quem detém a força, no auxílio aos mais fracos. Depois aos laços de sangue, que impõem por si o socorro e a cooperação; esses laços são, naturalmente, os que unem todos os Gregos: ascendentes, língua, deuses e costumes comuns (cf. 8. 144. 2). Finalmente a facilidade da empresa (cf. 5. 97. 1) e a manifesta inferioridade do inimigo persa, em competência e recursos militares. A acrescentar às facilidades da empresa, Aristágoras opõe as vantagens de se assumir o domínio de um continente que possui enormes riquezas.

([124]) Esta é uma descrição interessante do equipamento militar dos Persas (cf. 7. 61 sqq.). Quanto ao armamento, a falta de escudos e de lanças compridas torna os

fácil. Por outro lado, no que toca a riquezas, os habitantes desse continente possuem-nas em maior quantidade do que todos os outros povos juntos; para começar, ouro, mas também prata, bronze, roupas luxuosas, bestas de carga e escravos. Riquezas que, basta vocês realmente quererem, vos podem vir parar às mãos. As terras que habitam tocam-se umas com as outras, como passo a enumerar. Com os tais Iónios confinam os Lídios, aqui, que habitam um território excelente e que possuem ouro a rodos ([125]) (e enquanto falava, ia apontando para o traçado da terra que tinha trazido desenhado na placa). Com os Lídios – prosseguia Aristágoras – confinam os Frígios, aqui do lado oriental, o povo mais rico que eu conheço em gado e em produtos agrícolas ([126]). Com os Frígios fazem fronteira os Capadócios, a quem chamamos Sírios. Com estes confinam os Cilícios, que se estendem até este mar aqui ([127]), onde fica a ilha de Chipre. Estes pagam ao rei um tributo anual de quinhentos talentos ([128]). Com os Cilícios tocam os Arménios, estás a ver aqui, também eles muito ricos em gado. Com os Arménios, os Macienos ([129]), que habitam esta região aqui. O território que se segue ao deles é a Císsia ([130]), onde fica, junto a este rio que é o Coaspes ([131]), a famosa Susa; é nessa cidade que o Grande Rei tem residência e lá que estão depositados os tesouros

5.

6.

7.

---

combatentes manifestamente mais vulneráveis (cf. 5. 91. 1); por seu lado as fardas, pouco úteis na defesa e embaraçosas da agilidade de movimentos, são desapropriadas. Esta descrição da infantaria, como denunciadora das limitações do adversário, era tanto mais oportuna quanto os Lacedemónios atingiam, nesta modalidade militar, a excelência.

([125]) Aristágoras vai seguindo uma enumeração sistemática dos povos submetidos aos Persas, de oeste, desde a costa do Egeu, para leste, até Susa. Quanto aos Lídios, esta era a imagem tradicional, que as generosas ofertas depositadas por Creso no santuário de Apolo em Delfos só vinham confirmar. Sobre a menção do ouro lídio em Heródoto, cf., *e. g.*, 1. 50. 2, 1. 69. 4, 1. 93. 2.

([126]) Outros testemunhos antigos abonam a mesma ideia: cf. *Ilíada* 3. 184; Aristófanes, *Aves* 493.

([127]) O Mediterrâneo, naturalmente.

([128]) Cf. 3. 90. 3.

([129]) Os Macienos (cf. 3. 94. 1) ocupavam o território a leste do rio Hális (cf. 1. 72. 2).

([130]) A Císsia, ou Susiana, ficava ao fundo do Golfo Pérsico, num espaço correspondente ao actual Cuzistão. Cf. 5. 52. 6, 6. 119. 2, 7. 62. 2, 7. 86. 1. No citado passo 6. 119. 2, Heródoto refere a riqueza desta região em minerais.

([131]) O rio Coaspes, afluente do Tigre, hoje designado por Kerkha, era tido pelos Persas numa consideração especial. Cf. 1. 188. 2.

8. reais([132]). Se vocês tomarem esta cidade, a partir daí até com o próprio Zeus poderão ter a ousadia de rivalizar em fortuna. Vamos lá, por uma terra que nem é grande nem rica, espartilhada como está em limites apertados, é tempo de pôr fim a esse combate contra os Messénios, que vos igualam em capacidade militar, como contra os Arcádios e os Argivos([133]), que não possuem ouro nem prata que justifiquem que se morra de armas na mão. Quando o momento favorável ao domínio da Ásia inteira se apresenta, que outra alternativa se pode preferir?'

9. Perante a proposta de Aristágoras, Cleómenes limitou-se a responder: 'Caro hóspede de Mileto, vou adiar a minha resposta por três

50. 1. dias' ([134]). E ficaram-se por aqui. Chegado o tal dia aprazado para a resposta, quando se encontraram no lugar previsto, Cleómenes perguntou a Aristágoras quantos eram os dias de percurso necessários

2. entre o mar dos Iónios([135]) e a residência real. O Milésio, que até aí se tinha mostrado hábil e capaz de engodar o seu interlocutor, neste

---

([132]) Na verdade, os reis persas não tinham uma residência permanente. Susa era, segundo informação de Xenofonte (*Anábase* 3. 5. 15, *Ciropedia* 8. 6. 22), residência de primavera, enquanto que, no verão, se transferiam para Ecbátana. O resto do ano era passado em Babilónia. Para Heródoto, no entanto, Susa é sempre referida como a capital do império persa. Quanto à questão do depósito dos tesouros nesta cidade, ela é confirmada por Arriano, *Anábase* 3. 16. Sobre este assunto, cf. ainda Bury, Cook, Adcock, *The Cambridge Ancient History*, IV (1969) 188-189.

([133]) Aristágoras deixa uma mensagem de censura ao que fora a política espartana no século VII a. C., orientada para lutas constantes contra as regiões vizinhas: antes de mais, contra a Messénia, cuja população foi reduzida à escravatura depois de vencida (cf. 3. 47. 1, 9. 35, 64). Possivelmente o conflito que aqui Aristágoras tem em mente é a segunda guerra messénica, que envolveu também as cidades de Argos e de Arcádia (cf. Estrabão 8. 3. 30). Sobre as guerras messénicas, cf. ainda Tirteu, fr. 4 Diehl. Em causa estava a tentativa messénica, por três vezes ensaiada, de se libertar do poder prepotente do domínio espartano. Sobre este assunto, *vide* J. T. Hooker, *Ancient Spartans* (Londres 1980) 100-108. Outro alvo de conflitos foi a Arcádia (1. 66, 6. 74, 9. 35) e Argos. A partir da guerra contra a Arcádia, Esparta muda de estratégia e, em vez de conflitos armados, passa a preferir uma política de alianças, que irá conduzir à Simaquia do Peloponeso, sob sua hegemonia. E os pretextos ou objectivos para estas campanhas são, do ponto de vista do Milésio, modestos, já que os recursos das regiões em causa são pequenos. Com este esforço de guerra, prolongado e penoso, Esparta não teve muito a ganhar em termos materiais, além de ficar cercada de inimigos potenciais.

([134]) Este adiamento da resposta é sugestivo da atitude de prudência que Heródoto tende a atribuir aos Espartanos. Neste caso particular, a necessidade de reflexão torna-se tanto mais expressiva quanto contrasta com alguma precipitação, que será, mais adiante (5. 97), a dos Atenienses quando confrontados com proposta idêntica. Adiamentos semelhantes nas decisões espartanas são assinalados por Heródoto em 9. 8. 1.

([135]) Ou seja, o Egeu.

momento cometeu um erro fatal; nunca deveria ter falado a verdade, se queria levar os Espartanos até à Ásia; mas falou e descaiu-se a dizer que eram precisos três meses para fazer esse percurso. Aí Cleómenes, sem mesmo lhe permitir que terminasse o que tinha a dizer sobre os pormenores da viagem, atalhou: 'Hóspede de Mileto, sai de Esparta antes do pôr-do-sol ([136]). Nenhum dos teus argumentos é admissível para os Lacedemónios, se a tua intenção é metê-los numa viagem de três meses a partir da costa'. Depois de dar esta resposta, Cleómenes retirou-se para a sua residência. Aristágoras, porém, seguiu-o, de ramo de suplicante na mão ([137]), e foi na qualidade de suplicante que entrou atrás dele e lhe pediu que o ouvisse, depois de ter mandado retirar a criança que lá se encontrava. De facto, com Cleómenes estava a filha, de nome Gorgo. Era esta a única filha que ele tinha, que andava então pelos oito ou nove anos de idade. Mas Cleómenes sugeriu-lhe que dissesse o que pretendia, sem se preocupar com a presença da criança ([138]). Aristágoras começou então por lhe oferecer dez talentos se acedesse ao que ele pretendia. Como Cleómenes recusou, Aristágoras foi avançando com propostas mais chorudas, até atingir os cinquenta talentos. Aí, a miúda saiu-se com este protesto: 'Pai, se não te afastares e saíres daqui, o estrangeiro vai acabar por te corrom-

3.

51. 1.

2.

([136]) Os diversos comentadores deste passo são unânimes em assinalar estranheza pelo facto de Cleómenes ter a capacidade de decidir sozinho da expulsão de Esparta de uma embaixada estrangeira. Os testemunhos do século V a. C., em situações semelhantes, abonam a autoridade suprema da assembleia espartana (cf. Tucídides 1. 67, 72, 79, 87) e a competência dos éforos em questões deste tipo (cf. Tucídides 1. 131. 2, 8. 12). De facto, o próprio Cleómenes (cf. Heródoto 3. 148), ao expulsar Meândrio, tinha também recorrido à intervenção dos éforos. Por seu lado, a proposta do Milésio, habituado à paisagem aberta propiciadora de viagens que é a da Iónia, não teve em consideração a relutância natural dos Espartanos em abandonarem o Peloponeso. Condicionava-os, de alguma forma, a sua tradicional debilidade marítima, dado que o seu potencial assentava em forças terrestres. Como também a fragilidade da sua posição no Peloponeso, sob constante ameaça dos Messénios e dos Argivos, coarctava-lhes a possibilidade de campanhas arrojadas à distância.

([137]) Este era o ramo de oliveira, por vezes envolto em lã, que simbolizava a atitude de súplica (cf. 7. 141. 1). Com esta insígnia, Aristágoras obtinha o legítimo direito de ser acolhido e ouvido.

([138]) Heródoto refere a presença de Gorgo, ainda criança, junto do pai como uma mera casualidade, que ganha no entanto um outro tom quando se revela decisiva para o desfecho do caso. Esta criança virá a ser a mulher de Leónidas, seu tio (cf. 7. 239. 4), e já neste episódio revela uma finura política espontânea. Sobre esta personalidade de Gorgo, *vide* Plutarco, *Moralia* 240 d-e.

3. per' ([139]). Cleómenes, satisfeito com o conselho que a filha lhe dava, passou a outra dependência. Quanto a Aristágoras, abandonou de vez Esparta, antes de poder dar pormenores sobre o percurso a fazer entre o mar e a morada real.

52. 1. Sobre este percurso, o que se pode dizer é o seguinte ([140]): em toda a parte existem postos de acolhimento reais e hospedarias magníficas ([141]), e toda a estrada percorre zonas habitadas e sem perigos. Quando se atravessa a Lídia e a Frígia, há uma série de vinte postos de acolhimento, num espaço de noventa e quatro parasangas e
2. meia ([142]). Quando se sai da Frígia, chega-se ao rio Hális ([143]), em cujas margens existem portas que é indispensável passar para se atravessar o rio. Ali próximo fica um grande posto de guarda. Feita a travessia para a Capadócia, no território até aos limites da Cilícia encontram-se trinta e dois postos de acolhimento em cento e quatro parasangas. Já na fronteira, cruzam-se duas portas e passam-se dois postos da

---

([139]) Cleómenes aparece em Heródoto como insusceptível de corrupção (cf. 3. 148. 2). Face à condição de suplicante de Aristágoras, que o protegia e tornava inviolável, a única solução possível para Cleómenes era afastar-se.

([140]) Heródoto produz a descrição de uma das estradas que conduzia da Iónia a Susa, decerto inspirada em documentos persas. Naturalmente que esta descrição é susceptível de inexactidões no que se refere ao rigor das distâncias e às características do percurso. O principal problema resulta de que a soma das diversas distâncias, em parasangas ou em dias de viagem, não coincide com o total. Uma correcção possível para este desacerto é sugerida por Nenci, 231-232. A rota proposta é a que liga Sardes a Susa. Este é um exemplo de uma considerável rede viária de que o império persa dispunha, com grandes vantagens comerciais e militares.

([141]) Os postos de acolhimento reais, apetrechados para hóspedes de qualidade, incluíam cavalariças para o serviço de mensageiros (cf. 8. 98) e alojamentos bem dotados. Ofereciam, além disso, vigilância e segurança. O modelo 'hospedaria' ou caravançarai era mais modesto e mais acessível aos viajantes em geral.

([142]) De acordo com informação prestada pelo próprio Heródoto (cf. 2. 6. 3, 5. 53), a parasanga persa equivale a trinta estádios gregos e a *c.* 5,30 km (ainda que nem todos os testemunhos antigos sejam concordantes nestas correspondências). Mas de acordo com a versão de Heródoto, as tais noventa e quatro parasangas e meia, que seriam cerca de quinhentos e três quilómetros, correspondem de facto à distância entre Sardes e o rio Hális.

([143]) O rio Hális é citado com frequência no Livro I, dentro do *logos* lídio (cf. 1. 6. 1, 28, 72. 2, 75. 3, 103. 2, 130. 1). Com o nome actual de Kizil-Irmak, corre primeiro de noroeste para sudoeste e depois de sul para norte. No capítulo 72, é feita uma descrição pormenorizada das regiões que o rio atravessa, e entre cujos povos o Hális estabelece uma fronteira natural. O acesso ao rio era assegurado por portas, que existiam de ambos os lados e abriam sobre pontes. Creso parece tê-las utilizado no avanço contra Ciro (1. 75. 3).

guarda ([144](#)). A partir daí, na travessia da Cilícia ([145](#)), há três postos de acolhimento em quinze parasangas e meia. A fronteira entre a Cilícia e a Arménia é marcada por um rio que se atravessa de barco, cujo nome é Eufrates. Na Arménia há quinze hospedarias em cinquenta e seis parasangas e meia. Entre elas há um posto de guarda ([146](#)). Percorrem-na quatro rios navegáveis e que é necessário passar. São eles: primeiro o Tigre, depois um segundo e um terceiro que têm o mesmo nome, Zábato ([147](#)), sem serem o mesmo rio nem terem a mesma proveniência. Desses dois a que nos referimos, o primeiro corre da Arménia e o seguinte da Maciena. O quarto rio chama-se Gindes e é o mesmo que Ciro outrora repartiu em trezentos e sessenta canais ([148](#)). Da Arménia passa-se à Maciena ([149](#)), onde há trinta e quatro postos de acolhimento em cento e trinta e sete parasangas. De lá passa-se para a Císsia ([150](#)), onde há onze postos de acolhimento em quarenta e duas parasangas e meia, até ao rio Coaspes, que também ele se atravessa de barco. É junto deste rio que fica a cidade

3.

4.

5.

6.

([144](#)) A Capadócia, como a entende Heródoto, era um território muito amplo, que abria, no seu extremo, na fronteira cilícia, por duas portas – as chamadas 'Portas Cilícias' – que ligavam Tiana na Capadócia com Tarso na Cilícia (cf. Xenofonte, *Anábase* 1. 2. 21). Estas duas portas davam acesso a uma ponte, que de novo franqueava a travessia do Hális no seu curso superior. As cento e quatro parasangas estabelecidas por Heródoto correspondem a quinhentos e cinquenta e três quilómetros.

([145](#)) A Cilícia de Heródoto é muito vasta (cf. 3. 90-91, 5. 49. 6), prolongando-se do sudeste da Anatólia até ao Eufrates. Os cerca de oitenta e dois quilómetros, que Heródoto refere como o percurso da estrada neste território, correspondem apenas a um pequeno trecho que cruza a região a nordeste.

([146](#)) O espaço arménio é avaliado em cinquenta e seis parasangas e meia, cerca de trezentos quilómetros, medidos entre o Eufrates e o Tigre, a cerca de duzentos quilómetros a norte de Nínive.

([147](#)) Estes dois rios, que são afluentes do Tigre, têm ainda hoje nomes semelhantes, Zab-el-ala e Zab-el-asfal.

([148](#)) Cf. 1. 189. 1. Este rio é hoje designado por Diala.

([149](#)) Sobre os Macienos, cf. 1. 72. 2. Parece haver, da parte de Heródoto, alguma hesitação na localização deste povo. Se por vezes é referido como vizinho do rio Hális, outras é situado num espaço mais amplo a sudeste do mar Cáspio (cf. 1. 189. 1, 1. 202. 3). T. Reinach, 'Un peuple oublié: les Matiènes', *REG* 7 (1894) 313-318, relaciona-o com os Paflagónios e atribui-lhe uma notável expansão a partir do curso baixo do Hális, o que pode justificar a sua presença em pontos geográficos distantes. As cento e trinta e sete parasangas em que se alonga a estrada neste território correspondem a cerca de setecentos e vinte e nove quilómetros.

([150](#)) Sobre a Císsia, *vide supra* 49. 7 e respectiva nota. O percurso de quarenta e duas parasangas e meia é algo como duzentos e vinte e cinco quilómetros.

53.
de Susa (^{151}). No total, o número de postos de acolhimento soma cento e onze (^{152}). São em igual número as acomodações que esses postos proporcionam a quem sobe de Sardes até Susa. Se a medida da estrada real em parasangas está correcta e se a parasanga corresponde a trinta estádios, como de facto acontece, de Sardes até ao palácio que é chamado 'de Mémnon' (^{153}) são treze mil e quinhentos estádios, ou seja, quatrocentas e cinquenta parasangas (^{154}). A uma média de cento e cinquenta estádios por dia, são precisos exactamente noventa dias.

54. 1. Logo, quando Aristágoras de Mileto disse a Cleómenes da Lacedemónia que são três meses de caminho até chegar à corte persa, falou verdade. Mas se se quiser ainda um cálculo mais rigoroso, eu chamo a atenção para o seguinte: a este trajecto há que somar a
2. distância de Éfeso a Sardes. Em conclusão, posso dizer que do mar da Grécia (^{155}) até Susa (que é designada por cidade de Mémnon) são, ao todo, catorze mil e quarenta estádios. Porque de Éfeso a Sardes são quinhentos e quarenta (^{156}). Sendo assim, ao trajecto de três meses há que somar mais três dias.

55. Assim que foi expulso de Esparta, Aristágoras dirigiu-se a Atenas, que se tinha libertado da tirania da seguinte maneira: depois de Aristogíton e Harmódio, membros de uma antiga família de Gefireus (^{157}), matarem Hiparco, filho de Pisístrato e irmão do tirano

---

(^{151}) Cf. *supra* 49. 7 e nota respectiva. Susa ficava na margem esquerda do rio Coaspes, pelo que era necessário fazer a travessia para se chegar à cidade.

(^{152}) Schrader (96) conclui, ao avaliar a proporção entre as distâncias e o número de postos de acolhimento, pela regularidade destes últimos, que ocorreriam a uma distância, mais ou menos constante, de *c.* 21 km.

(^{153}) Mémnon descendia da Aurora e de Titono, foi rei da Etiópia (cf. 2. 106. 5) e participou, ao lado dos Troianos, na guerra de Tróia, dado o parentesco de seu pai com Príamo. Heródoto torna-se aqui eco de uma tradição que fazia de Mémnon o fundador do palácio de Susa (cf. ainda 54. 2). Sobre a mesma tradição, cf. Diodoro 2. 22.

(^{154}) O equivalente a cerca de dois mil trezentos e noventa e sete quilómetros e meio.

(^{155}) O Egeu.

(^{156}) Ou seja, no total, dois mil quatrocentos e noventa e três quilómetros e meio, havendo entre Éfeso e Sardes cerca de noventa e seis quilómetros.

(^{157}) Aristogíton e Harmódio, tidos como responsáveis pelo assassínio de Hiparco (em 514/513), irmão mais novo do então tirano de Atenas, Hípias, foram objecto de uma verdadeira campanha de "endeusamento", própria da corrente política anti-tirânica em vigor no século V. Aristóteles (*Constituição dos Atenienses* 18, 6) e Tucídides (6. 57, 4) dão conta de duas versões distintas do fim reservado a um dos tiranicidas, Aristogíton. Morto na sequência das penas da tortura ou no decurso da agitação gerada pelo próprio acto de homicídio que cometera, respectivamente, tanto ele como o seu cúmplice, deposta a tirania e instaurado o 'governo do povo', atingem o estatuto de

Hípias, a quem em sonhos se tornara bem visível o seu destino, depois desses acontecimentos, os Atenienses, por um período de quatro anos, estiveram sob o jugo de um regime não menos, mas ainda mais, despótico do que o anterior([158]). A visão onírica de Hiparco foi a que passarei a contar.

56. 1. Hiparco acredita que, na noite da véspera do festival das Panateneias([159]), um homem alto e de figura distinta lhe anunciou, sob

---

heróis da pátria, honra de que os descendentes continuarão a usufruir. Para além do culto especial consagrado ao túmulo em que ambos estavam sepultados no cemitério da cidade, o Ceramico (cf. Pausânias 1. 29, 15), cuja tutela cabia a um dos mais distintos magistrados de Atenas, o arconte polemarco (cf. Aristóteles, *Constituição dos Atenienses* 58, 1), eram-lhes consagradas as mesmas oferendas que anualmente se dedicavam aos soldados mortos em combate.

A referência à naturalidade dos tiranicidas é considerada por Schrader (n. 251) um factor a ter em conta para a compreensão do móbil do assassínio. Membros de uma família natural de Tânagra, na Beócia, cidade cujo nome antigo era Gefira, Harmódio e Aristogíton, conforme se depreende da referência contida mais abaixo (cap. 57, 2), não eram cidadãos de plenos direitos. O acto perpetrado contra o irmão do tirano não poder pode, portanto, ter nessa particularidade gentilícia uma "causa remota" e não tratar-se de um crime passional, envolvendo o trio Hiparco-Harmódio-Aristogíton. Sobre a morte de Hiparco e intervenção dos tiranicidas, leia-se: B. M. Lavelle, "Herodotos and the tyran-slayers", *RMPh* 131 (1988) 211-215.

([158]) Este passo do livro V correlaciona-se com *Histórias* 1. 59-64, trecho dedicado à vida e actuação de Pisístrato, pai de Hípias e Hiparco, designados pelo patronímico Pisistrátidas. O período de governação de Hípias estendeu-se até 511/510, altura em que foi expulso de Atenas. Quanto ao testemunho da fama de tirano cruel que os textos conservaram de Hípias, cf.: Aristófanes, *Vespas* 502, *Lisístrata* 618, 1151; Tucídides 6. 59.

([159]) As festas realizadas em Atenas em honra da divindade protectora da pólis, isto é, da deusa políade Atena, reuniam todas as forças vivas da cidade, pelo que eram denominadas de Panateneias. Atribui-se precisamente a Pisístrato a reorganização desse festival cívico-religioso, mudança que se traduziu na ampliação do programa das festas, com a duração de um só dia, para quatro dias (25 a 28 do mês ático conhecido por Hecatômbeon, coincidente com os nossos meses de Julho e Agosto). Inserida numa política clara de engrandecimento da cidade, a ampliação das festas contribuía para conferir ao acontecimento uma projecção supra-regional, extensível a toda a Grécia. Aliás, os estudiosos não têm dúvidas em aproximar esta versão ampliada das Panateneias dos Festivais Pan-helénicos, de que os mais famosos foram os que vieram a ser recuperados já na época moderna, os Jogos Olímpicos. Na verdade, em Atenas, além das Pequenas Panateneias, com uma periodicidade anual e com a duração de um único dia, passou a contar-se, de quatro em quatro anos, no ano imediatamente anterior ao das Olimpíadas, com as Grandes Panateneias. À imagem do sucedido com os Festivais Pan-helénicos, estas incluíam concursos de índole artística e desportiva, a saber: provas de música (*mousikoi agones*), recitação dos Poemas Homéricos, dança, regatas, provas equestres, atletismo e perfeição masculina (*euandria*). O momento alto em termos religiosos e cívicos continuou a ser, em ambos os modelos do festival, a procissão nocturna de entrega de uma veste (*peplos*) nova à deusa, instalada no seu templo no alto da

2. a forma de verso, o seguinte enigma: "Suporta, leão, com ânimo capaz de tudo suportar, os males insuportáveis que te esperam. Nenhum homem que cometa injustiças há-de ficar isento do pagamento da sua culpa". Mal o dia nasceu, Hiparco tomou de imediato a decisão de entregar o caso aos intérpretes de sonhos ([160]). Cumprido este preceito, sem fazer caso da visão nocturna, integrou o cortejo festivo, no qual perdeu a vida ([161]).

57. 1. Pois bem, os Gefireus, clã a que pertenciam os homicidas de Hiparco, segundo eles próprios dizem, eram naturais de Erétria.

Acrópole, no Pártenon. Mais do que qualquer referência literária a este momento alto das cerimónias, é na decoração do friso do Pártenon que encontramos o melhor testemunho (pictórico) para a reconstituição visual do cortejo. Para mais informação sobre esta temática, indicam-se as seguintes sugestões bibliográficas: H. W. Parke, *Festivals of the Athenians* (London 1977) 33-50; J. Neils (ed.), *Worshipping Athena: Panathenaia and Parthenon* (Wisconsin 1996); M. H. Rocha Pereira, *Estudos de História da Cultura Clássica. Vol. I- Grécia* (Lisboa ⁹2003) 349-351.

([160]) Na Grécia e Roma antigas a interpretação de sonhos, a oniromântica, constituía um domínio profissional. Da autoria de um mestre na matéria, Artemidoro Daldiano, chegou-nos apenas um trabalho, datado do século I A. D., ou seja, de época bastante posterior àquela a que o texto de Heródoto se reporta. Para uma reflexão sobre esse testemunho, bem como sobre outras referências feitas ao ofício em diversos textos, de que destacamos os de Cícero (*De diuinatione*), Platão (*Timeu*) e do *Corpus Hippocraticum* (*De dieta*), vide D. del Corno, "Richerche sull' onirocritica greca", *RIL* 96 (1962) 334-366; A. H. M. Kessels, "Ancient systems of dream-classification", *Mnemosyne* 23 (1969) 389-424; D. del Corno, "Dreams and their interpretation in Ancient Greece", *Bulletin of the Institute of Classical Studies* 29 (1982) 55-80.

([161]) Tal como sucede com as profecias dos oráculos, também as visões nocturnas anunciam mensagens de interpretação dúbia. Quanto ao primeiro verso não restam grandes dúvidas em aceitar que é Hiparco que se deve conotar com o leão. Ou seja, a aparição do fantasma de um homem alto e esbelto – que segundo Nenci (p. 236) seria Harmódio – instiga-o a suportar o destino trágico que o espera, a morte (*i. e. os males insuportáveis* referidos na profecia). É no segundo verso que surgem as dificuldades de interpretação. Segundo Tucídides (6. 56), Hiparco teria humilhado gravemente a irmã de Harmódio ao impedir que ela integrasse a procissão de entrega do *peplos* a Atena. Este ultraje à sua família despertaria no tiranicida o desejo de vingança. Contudo, a ser assim, Hiparco, culpado desta injustiça, teria reconhecido que a advertência contida no segundo verso se destinava também a si e não a teria ignorado. Outra alternativa de leitura do sonho, sugerida por Schrader (n. 256), com base no testemunho de Aristóteles (*Constituição dos Atenienses* 18. 2), permite compreender melhor o pouco relevo dado pelo Pisistrátida ao sonho. O responsável pela ofensa feita à irmã de Harmódio teria sido não Hiparco, mas Hegesístrato, seu meio-irmão (cf. *infra* 94, 1). Assim, os *males insuportáveis* referidos no primeiro verso correspondiam à morte de Hegesístrato, cujo desgosto ele, Hiparco, teria de suportar. Quanto ao ajuste de contas anunciado no segundo verso, destinando-se a Hegesístrato, nenhum medo inspirou em Hiparco. Também ao irmão, o tirano Hípias, Heródoto atribui um sonho, como se pode ler no livro 6º (cap. 107, 1).

Porém, de acordo com as minhas investigações, eram antes Fenícios, pertencentes ao grupo dos que vieram com Cadmo para a região hoje chamada Beócia, e habitam a zona da Tânagra, que lhes calhou em sorte. Assim, primeiro deu-se a expulsão dos Cadmeus pelos Argivos, em seguida os Gefireus, depois de terem sido corridos pelos Beócios, voltaram-se para Atenas ([162]). Os Atenienses, por sua vez, concederam-lhes a cidadania sob determinadas condições, fixando muitas restrições, que não vale a pena enumerar ([163]).

2.

Estes Fenícios que acompanharam Cadmo, de quem descendem os Gefireus e que habitam esta região, transmitiram muitos ensinamentos aos Gregos, em particular o alfabeto – coisa que, em minha opinião, até aí não conheciam, pois, entre todos, os primeiros a utilizá-lo foram os Fenícios. Todavia, passado algum tempo, mudaram-lhe a fonética e a grafia. Naquela altura, os Iónios eram quem, de entre os Gregos, ocupava a maioria das terras vizinhas. Aproveitando o saber recebido dos Fenícios em matéria de alfabeto, foram eles que, alterando um pouco a forma das letras, as usaram, mas afirmam – como é de justiça – que, visto terem sido os Fenícios os responsáveis pela sua introdução na Grécia, são designadas pelo nome de "letras fenícias" ([164]). Os Iónios também chamam, desde tempos

58. 1.

2.

3.

([162]) Aqui Heródoto procura reconstituir as origens do clã a que pertenciam Harmódio e Aristogíton, os Gefireus. Tratando-se de um grupo de imigrantes, segundo Plutarco (*Moralia* 628 d) estabelecidos próximo de Afidna, uma das circunscrições administrativas (ou *demo*) do Norte da Ática, as opiniões divergem quanto à sua primitiva proveniência. Rejeitada a explicação dada pelos próprios, de que teriam as suas raízes na região de Eubeia (onde se situava Erétria), o historiador faz remontar a reconstituição do passado dos Gefireus a uma época anterior ainda à Guerra de Tróia. Cadmo, natural de Tiro na Fenícia, chegou à Beócia em busca da sua irmã Europa, raptada por Zeus. Foi ele o responsável mítico pela fundação de Tebas. Mas outras cidades foram fundadas pela comitiva que acompanhou Cadmo, entre elas aquela a que se deu primeiro o nome de Gefira (Estrabão 9. 2, 10), ou seja Tânagra. Porém, na sequência da guerra que opôs os Cadmeus, *i. e.*, os descendentes de Cadmo, aos Argivos, motivada pela discórdia existente entre os filhos de Édipo, Etéocles e Polinices, aqueles foram expulsos da Beócia e encontraram asilo na Ática. Ésquilo, em *Os Sete Contra Tebas*, e Eurípides, em *As Fenícias*, trataram de forma magistral o conflito fratricida que esteve na origem da disputa entre Cadmeus e Argivos.

([163]) Provavelmente seriam restrições de carácter religioso, entre as quais se deveria incluir a interdição de as donzelas integrarem o cortejo das Panateneias, como sucedeu com a irmã de Harmódio.

([164]) Ao atribuir a invenção do alfabeto aos Fenícios, Heródoto não só defende a tese actualmente aceite, como se afasta claramente de uma corrente em voga na Antiguidade, segundo a qual essa era uma descoberta da autoria de figuras do universo

103

recuados, "livros" a peles, porque, perante a falta de papiro, serviam-se de peles de cabra e ovelha; e, ainda nos meus dias, muitos são os Bárbaros que escrevem sobre esse tipo de peles ([165]).

59.   Contudo eu vi pessoalmente caracteres cadmeus, gravados em três trípodes do templo de Apolo isménio, sito em Tebas da Beócia ([166]), em grande parte semelhantes às letras dos Iónios. Uma das

---

mítico, como Palamedes (escólios de Dionísio Trácio, *FGrHist* 1 F 20), Prometeu (Ésquilo, *Prometeu* 460 sq.) e Museu (*FGrHist* 1 F 24). Também se afasta de nomes grandes do pensamento grego e romano – como Platão (*Filebo* 18 b-c; *Fedro* 274 c-275 a), Plínio (*História Natural* 7. 192-3) e Tácito (*Anais* 11. 14) – para quem as origens do alfabeto grego remontavam à escrita egípcia. Hoje sabe-se, ainda, que foi por volta do século VIII que terá surgido o alfabeto grego, ao passo que o fenício, descendente do alfabeto cuneiforme de Ugarit, remonta ao século XIII. Note-se que o historiador tem consciência da evolução por que passa a escrita grega, pois identifica fases de transformação do próprio alfabeto. Assim, teriam sido os Beócios, graças aos seus ancestrais contactos com os Fenícios (basta lembrar, uma vez mais, a *supra* referida vinda de Cadmo para a região – cf. n. 6), a fazer a primeira adaptação. Deste processo são prova as inscrições cadmeias elencadas pelo historiador nos caps. 59-61. Numa segunda fase coube aos Iónios proceder a novas transformações da fonética e grafia do alfabeto, mas agora intervieram não directamente sobre a escrita fenícia, mas sobre as letras cadmeias. Heródoto estará, no entanto, a incorrer num erro, quando diz que a transmissão do alfabeto fenício para os Gregos teve lugar no território continental. O mais provável é que a difusão se tenha feito a partir da ilha de Creta, cujas relações comerciais desde muito cedo a ligaram à Fenícia (cf. Schrader: n. 267).

([165]) Dois dos principais suportes de escrita no Mundo Antigo foram o papiro e o pergaminho. Fabricadas a partir do caule de plantas abundantes no Delta do rio Nilo, as folhas de papiro deram corpo à mais antiga forma de "livro" (em grego, *bíblion*, *bíblos* ou *bíblia*) conhecida, o rolo. Pensa-se que foi durante o reinado de Psamético I (663-606) que se deu início à exportação do material para a Grécia, uma vez que data desse período o estabelecimento de relações comerciais entre os dois povos (cf. Heródoto 2. 154, 4). A escassez do papiro em determinadas regiões (sobretudo a oriente) levou à utilização de outro material como suporte de escrita, as peles de gado ovino e caprino. Conforme se pode ler na *História Natural* (13. 70) de Plínio, a designação por que era conhecido este suporte de escrita (em grego *pergamene*), deriva do nome da cidade que foi o seu principal centro de produção, Pérgamo (situada na Mísia, actual Turquia). A configuração que vieram a assumir os "livros" feitos com folhas de pergaminho é aquela que se assemelha à actualmente em prática, ou seja, aos cadernos, constituídos por folhas cosidas umas às outras na lombada, a que se deu o nome latino de *codex*. Sobre a utilização do papiro e do pergaminho na Antiguidade, veja-se L. Casson, *Libraries in the Ancient World* (New Haven and London 2001) 109-135.

([166]) Sito junto à porta oriental de Tebas, um templo erigido em honra de Apolo dominava do alto de uma colina o vale do rio Ismeno, daí o epíteto atribuído ao deus Apolo: isménio. Imortalizado na poesia de Píndaro como o templo das trípodes de ouro (*Pítica* 11, 4-7), é lembrado por Pausânias (9. 10, 2) por ser o recinto sagrado que possuía semelhantes oferendas em maior número.

trípodes tem a seguinte inscrição: "Anfitrião consagrou-me, depois de vencer os Teléboas". Esta poderá ser da época de Laio, filho de Ládbaco, neto de Polidoro e bisneto de Cadmo ([167]).

Outra trípode, por sua vez, reza em verso hexâmetro: "Esceu, vencedor no pugilato, consagrou-me a mim – uma oferenda de singular beleza –, a ti Apolo, que acertas no alvo". Esceu poderá ser o filho de Hipocoonte, se for ele efectivamente o dedicante e não outro com nome igual ao do filho de Hipocoonte, contemporâneo de Édipo, o filho de Laio ([168]). **60.**

A terceira trípode tem também uma inscrição em hexâmetros: "Laodamante, durante o seu reinado, consagrou-te pessoalmente, a ti **61. 1.**

([167]) O recurso de Heródoto a fontes epigráficas é bastante abundante – treze são gregas (1. 47; 1. 51; 1. 65; 4. 14; 4. 87; 4. 88; 5. 59-61; 5. 77; 7. 228; 8. 22; 8. 82), duas lídias (1. 93; 7. 30), uma babilónia (1. 187), três persas (3. 88; 4. 87; 4. 91) e cinco egípcias (2. 102, 106, 125, 136 e 141). A avaliar por três inscrições encontradas das que ele cita, todas elas concordantes com a versão que fornece (1. 47; 1. 65; 5. 77), podemos concluir da autenticidade do seu testemunho. Sobre esta temática, vide S. West, «Herodotus' epigraphical interests» *Classical Quarterly* 35. 2 (1985) 278-305.

Quanto à inscrição em apreço e às duas que se lhe seguem, remontam a acontecimentos da esfera do mito, pelo que, na leitura de Schrader (n. 272), podem ter sido forjadas pelos próprios sacerdotes, com a intenção de assinalar a fama vetusta do templo. Descendente do herói fundador Cadmo, Anfitrião, pai humano de Héracles, participou num ataque feito contra os Teléboas, um povo oriundo da Acarnânia (região vizinha da Etólia, situada na Grécia ocidental). Correspondia, assim, ao pedido da sua esposa, Alcmena, de que vingasse a memória de seu pai, sogro e tio de Anfitrião, Eléctrion, rei de Micenas. Objecto da cobiça de um sobrinho, oriundo da Acarnânia, o reino de Micenas foi atacado, ofensiva de que resultou a morte de boa parte dos príncipes e roubo do gado do rei. Para vingar essa humilhação Anfitrião, auxiliado pelos Tebanos, organizou uma expedição contra os Teléboas, cuja vitória teria celebrado precisamente através da consagração desta trípode, dedicada a Apolo isménio, patrono de Tebas.

([168]) A omissão da inscrição quanto ao patronímico de Esceu levanta dificuldades à sua identificação. Heródoto limita-se a colocar a hipótese de ser um dos filhos de uma figura ligada à história lendária de Esparta, Hipocoonte. Meio irmão de Tíndaro e Icário, conhecido pela sua violência, após a morte do pai, apodera-se do trono e expulsa da cidade os seus legítimos herdeiros, os irmãos. Entre as diversas façanhas cometidas por Héracles, para além dos trabalhos ordenados por Admeto e conhecidos por "Trabalhos de Héracles", conta-se a guerra contra Esparta. Desta resultou a morte do rei usurpador e dos seus filhos, com a consequente restituição do trono a Tíndaro. Fontes sobre esta aventura de Héracles são Apolodoro (2. 7, 3), Diodoro (4. 33, 5-6) e Pausânias (3. 15, 3-6). Note-se, no entanto, que Heródoto se limita a referir um caso de homonímia relativamente ao nome Esceu e não defende dever atribuir-se a um filho de Hipocoonte a trípode em questão, até porque não havia nenhum facto que relacionasse os seus descendentes com Tebas.

2. Apolo, de vista arguta, uma oferenda de particular beleza". Realmente foi sob o reinado de Laodamante, filho de Etéocles, que os Cadmeus foram expulsos pelos Argivos e se voltaram para os Encelenses ([169]). Quanto aos Gefireus, embora então tenham sido deixados em paz, mais tarde, pressionados pelos Beócios, retiraram-se para Atenas. Aliás, há templos erguidos por eles em Atenas, nenhum deles aberto à participação dos restantes cidadãos, mas antes sitos em local apartado dos outros templos, como sucedia com o templo e os mistérios de Deméter acaia ([170]).

62. 1. Ora bem, a visão que Hiparco teve em sonhos e a origem dos Gefireus, de quem descendem os assassinos de Hiparco, expu-las em pormenor. É necessário, no entanto, retomar, depois desta exposição, o assunto que inicialmente ia abordar: a maneira como os Atenienses
2. se libertaram dos tiranos. Sob a governação de Hípias e numa altura em que o tirano penalizava os Atenienses devido à morte de Hiparco, os Alcmeónidas, pertencentes à estirpe dos Atenienses e que tinham sido levados ao exílio pelos Pisistrátidas ([171]), uma vez que não havia condições favoráveis ao seu regresso com a força de que dispunham

---

([169]) Nova inscrição alusiva ao período imediatamente a seguir à guerra entre Tebanos e Argivos (cf. supra n. 162). Com a morte de Etéocles, filho de Édipo residente em Tebas, às mãos do irmão invasor, Polinices, que viera de Argos acompanhado por mais seis generais, o tio dos desafortunados netos de Laio, Creonte assume a regência do trono. Sucede-lhe no trono o filho de Etéocles, Laodamante. Coube-lhe a ele enfrentar o segundo ataque movido pelos Argivos contra a sua cidade. Segundo a versão apresentada por Heródoto, os Tebanos, derrotados, procuraram refúgio no sul da Ilíria (cf. livro 9º, cap. 43), mais propriamente na cidade dos Encelenses. Os descendentes de Cadmo estavam, deste modo, a reclamar um direito que lhes assistia, uma vez que, no tempo daquele herói fundador, fora graças ao auxílio militar dos Tebanos que os Encelenses tinham conseguido vencer a guerra contra uma tribo vizinha. Em compensação pelos serviços prestados, nomearam Cadmo seu rei.

([170]) O adjectivo *acaia* relaciona-se com o nome grego *achos* ('dor') e, como refere Plutarco (*Sobre Ísis e Osíris*, 69), evoca o sofrimento da deusa, quando a sua filha Perséfone foi raptada por Hades, o deus dos Infernos.

([171]) Tal como sucede no livro 6º (cap. 125), Heródoto revela uma clara simpatia pela família dos Alcmeónidas, a que pertencia Clístenes, político a cujas reformas se terá ficado a dever a instauração do regime democrático em Atenas. Neste passo, o historiador refere-se a um dos vários momentos em que esta família ateniense foi forçada a exilar-se, neste caso para Delfos. Veja-se, sobre estes assuntos: Ferreira 1987; P. J. Bicknell, "The Exile of the Alkmeonidai during the Peisistratid Tyranny", *Historia* 19. 2 (1970) 129-131; F. D. Harvey, "The political sympathies of Herodotus", *Historia* 15 (1966) 254-255; G. W. Williams, "The Curse of Alkmaionidae. I. The Origin and Early History", *Hermathena* 78 (1951) 32-49.

(na companhia dos outros Atenienses que também tinham suportado o exílio), sofreram um estrondoso revés ao tentar regressar a Atenas e torná-la livre, depois de fortificado Lipsídrion, lugar a norte da Peónia ([172]). Nessa ocasião os Alcmeónidas urdiram um plano geral contra os Pisistrátidas: conseguiram dos Anfictíones a adjudicação para acabar as obras do templo de Delfos, que hoje existe, mas na altura não ([173]). Valendo-se da sua vasta fortuna pessoal e graças ainda ao facto de sempre terem sido homens ilustres, construíram um templo mais belo do que aquele que estava projectado, pois, embora tivessem acordado fazê-lo de pedra tufo, ergueram-lhe a fachada em mármore de Paros ([174]).

3.

Ora, segundo contam os Atenienses, os Alcmeónidas, durante a sua estada em Delfos, subornaram a Pítia, para que, quando os Espartanos aí viessem consultar o oráculo, tanto sobre assuntos particulares como públicos, os instigasse a libertar Atenas([175]). E os

63. 1.

([172]) A Peónia ficaria no monte Parnasso, isto é, a cerca de 20 km de Atenas. Alude-se, aqui, à fortificação erigida nesse local, conhecida por Lipsídrion, onde fracassou a tentativa dos Alcmeónidas para expulsar a tirania. Este é o acontecimento na sequência do qual a família foi expulsa da cidade pelos Pisistrátidas, ou melhor, por Hípias, uma vez que, segundo Heródoto, teve lugar depois do assassínio de Hiparco. Também Aristóteles dá conta desse mesmo episódio e testemunha a importância simbólica que teve o desaire dos Alcmeónidas, conforme se depreende do facto de fazer parte da letra de uma canção de mesa (ou *skolion*) evocada pelo filósofo em *Constituição dos Atenienses* (19, 3).

([173]) Uma anfictionia é uma associação de povos vizinhos, de carácter religioso ou político, com interesses afins. Heródoto refere-se à anfictionia que congregava os Iónios, os Dórios e os povos da Grécia central, cujo centro religioso se situava em Delfos. Cabia aos delegados de cada um desses estados membros, os Anfictíones, a organização dos festivais em honra de Apolo pítico, os Jogos Píticos (que eram os segundos em importância depois dos Olímpicos), a gestão do património do deus e a defesa dos seus interesses. O primitivo templo, feito de madeira, foi destruído pelo fogo em 548 (cf. Pausânias, 10. 5, 13).

([174]) Mais adiante na sua obra, Heródoto insiste na fortuna pessoal que tinham os Alcmeónidas (6. 125). No caso concreto das obras realizadas no templo de Apolo, o uso de mármore de Paros, uma das mais finas e apreciadas pedras de então, é um sinal evidente da magnanimidade dos benfeitores. Refira-se, no entanto, que fontes mais tardias, do século IV a.C., alegam que parte do dinheiro pago pelas obras foi usado para comprar a ajuda militar dos Espartanos na expulsão de Hípias de Atenas (Filócoro, *FGrHist* 115; Isócrates, 15. 232; Demóstenes, 21. 144; Aristóteles, *Constituição dos Atenienses*, 19, 4).

([175]) Esta alusão de Heródoto a uma estratégia pouco honesta por parte dos Alcmeónidas para levar a bom termo as suas pretensões, quando posta em paralelo com as diversas demonstrações de simpatia que o Autor revela por esta família ateniense,

Lacedemónios, confrontados sempre com o mesmo vaticínio, confiaram a Anquimólio, filho de Áster e um cidadão ilustre da cidade, a missão de, munido de um exército, expulsar os Pisistrátidas de Atenas, não obstante eles serem seus hóspedes ([176]). Na verdade tinham mais respeito pelas determinações do deus Apolo do que pelos vínculos humanos. Enviaram então, por mar, os seus homens para Atenas.

3. Quando atingiu o porto de Falero, Anquimólio desembarcou o seu exército ([177]). Quanto aos Pisistrátidas, assim que foram informados dessa manobra, pediram ajuda aos Tessálios, com quem tinham firmado uma aliança militar. Em seu auxílio os Tessálios tomaram a decisão unânime de enviar mil cavaleiros e o seu comandante supremo Cíneas Condeu ([178]). Assim que se viram na posse destes reforços, os Pisistrátidas conduziram o combate do modo que passarei a descrever.

---

deve ser entendida como um sinal da independência e isenção dos seus comentários (cf. Nenci: p. 249). A corrupção das profetisas do oráculo de Apolo, as Pítias, constitui, aliás, um motivo que se repete nas *Histórias*. No livro 6º (cap. 66), o favor prestado reverte para os Espartanos. No entanto, aí, a referência é omissa quanto ao favor que a Pítia recebeu em troca de satisfazer um pedido feito em benefício de Cleómenes e contra Demarato, acto responsável pela deposição deste último do trono e sua substituição pelo primeiro.

([176]) A presente expedição teve lugar em 512/511 e foi conduzida por um nobre espartano e não por um dos reis da cidade. Como se sabe pelo testemunho de Xenofonte (*República dos Lacedemónios* 15), uma das competências adstritas aos dois reis de Esparta era o comando do exército. Por esta e outras situações relatadas nas *Histórias* (3. 54 e 8. 42) ficamos a saber que essa regra parecia não se verificar quando o contingente era de natureza naval. Diferentemente do que sugerem as palavras de Heródoto, a razão que terá levado Esparta a apoiar militarmente Atenas não terá sido o respeito pela vontade divina, nem mesmo o ódio à tirania, mas sim as implicações político-estratégicas daí decorrentes. Esta era uma forma de cativar para a liga de cidades aliadas do Peloponeso mais uma potência.

([177]) Na altura o porto da cidade de Atenas era o Falero, situado a este daquele que veio a ser construído no século V e ainda hoje activo, o Pireu.

([178]) O epíteto Condeu refere-se à terra natal de Cíneas. Sobre a identificação da cidade, vide L. Piccirilli, "Considerazioni su Kineas re dei Tessali", *Athenaeum* 49 (1971) 136-146. As cidades tessálias formavam uma liga, conhecida do ponto de vista militar pela sua poderosa cavalaria. Embora Heródoto use a palavra grega 'rei' (*basileus*) para designar o homem que veio à frente do exército tessálio, preferi traduzir o termo por 'comandante supremo', uma vez que as cidades da aliança não possuíam um rei comum. Veja-se sobre o funcionamento da liga tessália: Larsen 1968: 12-26, 281-294. Quanto à datação do acordo firmado entre os Pisistrátidas e os Tessálios, não dispomos de dados que nos permitam estabelecê-la com segurança, nem sequer sabemos se se tratava de uma resolução oficial, firmada entre as duas partes (Atenas e Liga Tessália) ou apenas de uma aliança privada entre a família de Pisístrato e Cíneas.

108

Depois de terraplanarem a planície de Falero e de terem adaptado o terreno ao combate a cavalo, lançaram a cavalaria contra o acampamento inimigo. A cavalaria caiu sobre eles e aniquilou grande parte dos Lacedemónios, em particular Anquimólio, ao passo que os sobreviventes foram empurrados até às naus. Assim terminou a primeira expedição dos Lacedemónios; o sepulcro de Anquimólio fica em Alópece da Ática, próximo do túmulo de Héracles, sito em Cinosarges ([179]).   **4.**

Posteriormente os Lacedemónios prepararam uma expedição maior e enviaram-na contra Atenas, colocando no comando do exército o rei Cleómenes, filho de Anaxândrides ([180]); porém já não seguiram por mar, mas por terra. De início a cavalaria tessália atacou as tropas que invadiam a região da Ática, mas, pouco tempo depois, pôs-se em debandada e perdeu para cima de quarenta homens. Quanto aos sobreviventes, retiraram-se, tal qual estavam, direitinhos para a Tessália. E quando Cleómenos chegou à cidade, acompanhado daqueles que desejavam ser livres, cercou os tiranos no interior da "Muralha das Cegonhas" ([181]).   **64.** 1.

   2.

Como se revelavam totalmente inúteis os esforços para capturar os Pisistrátidas, os Lacedemónios (que não tinham pensado cercá-los, pois aqueles possuíam boas reservas de alimentos e bebida), ao fim de poucos dias de cerco, retiraram-se para Esparta. Porém foi nessa altura que se deu um incidente inesperado, infeliz para os Pisistrátidas, mas vantajoso para a aliança: quando os filhos dos   **65.** 1.

([179]) Alópece era um dos *demos* da Ática e Cinosarges o nome dado a um recinto sagrado, correspondente ao local onde Héracles tinha morto o cão Cérbero e onde se encontrava o túmulo do herói. A denominação Cinosarges é um nome composto de *kunos* ('cão') e *arges* ('serpente'), alusiva ao cão Cérbero, um animal de três cabeças, com a cauda formada por uma serpente e o dorso coberto por inúmeras serpentes de cabeças levantadas. Refira-se ainda que no século IV se instalou nesse mesmo local uma escola filosófica, cujos membros passaram a ser designados por Cínicos, termo igualmente retirado do vocábulo *kunos*.

([180]) Esta segunda expedição de Espartanos deu-se no ano de 511/510 e teve por desfecho a expulsão em definitivo dos tiranos de Atenas.

([181]) A muralha deve corresponder a um antigo baluarte defensivo da cidade, em torno do sopé da acrópole. Destinava-se, ao que se julga, a salvaguardar espaço para acolher a população que vivia nos campos, em situação de ofensivas militares, pelo que o terreno não era cultivado nem tinha moradias. A toponímia deriva, como facilmente se depreende, do facto de ser um local onde as cegonhas costumavam nidificar. É, por isso, conhecida por Muralha Pelárgica, *i. e.*, 'das cegonhas' (do grego *pelargós*).

2. Pisístrátidas estavam a ser postos a salvo, fora da Ática, foram capturados[182]. Face a estes acontecimentos, todos os planos dos tiranos se alteraram profundamente; pagaram pelo resgate dos filhos[183] o valor que os Atenienses exigiam, de modo que, em cinco dias, abandonaram
3. a região da Ática. Daí retiraram-se para Sigeu, nas margens do rio Escamandro, depois de governarem sobre os Atenienses trinta e seis anos[184]. Os Pisistrátidas descendiam dos Pílios e dos Nelidas, uma vez que provinham também das famílias de Codro e de Melanto[185].
4. Por essa razão é que Hipócrates se lembrou de dar ao filho o nome de
5. 'Pisístrato', nome que tomou de Pisístrato, filho de Nestor. Assim se livraram os Atenienses dos tiranos. Quantas empresas realizaram, já sob a égide da liberdade, e quantos desaires sofreram, todos dignos de relato, até à sublevação da Iónia contra Dario e à vinda de Aristágoras de Mileto a Atenas, em busca de apoio militar, esses são os factos que primeiro irei descrever[186].

---

[182] A aliança a que se reporta é, naturalmente, a firmada entre Espartanos e Atenienses partidários de Clístenes. Sobre a captura dos Pisistrátidas, vide Forrest 1969.

[183] De acordo com o testemunho de Tucídides, apenas Hípias tinha descendência (6. 55, 1).

[184] Situada na região da Tróade, mais propriamente na entrada ocidental do Helesponto, a cidade de Sigeu fora tomada por Pisístrato aos Mitilenos (cf. *infra*, cap. 94). Quanto ao total de anos da tirania, resulta da soma não só dos períodos de governação, mas também dos dois exílios suportados por Pisístrato. Entre 561/560 e 556/555 teve lugar a primeira tirania de Pisístrato; entre 544 e 539/538 a segunda; e entre 535/534 e 510 a última fase (com a morte de Pisístrato em 528/527 e sua sucessão pelo filho Hípias). Sobre a tirania em Atenas, leia-se Ehrenberg 1993: 77-90.

[185] Prática comum entre a aristocracia ateniense, a evocação de antepassados ilustres contribui para legitimar ou reivindicar prestígio social. Embora sem qualquer fundamento histórico, a genealogia dos Pisístratos faz deles descendentes do deus do mar Poséidon, pai de Neleu. Na sequência do exílio imposto pelo irmão Pélias, Neleu dirige-se à Messénia, onde funda Pilos. Dos seus doze filhos homens, apenas Nestor escapou com vida ao ataque movido por Héracles. O filho mais jovem deste soberano e companheiro de Telémaco na sua viagem a Esparta, Pisístrato, foi o antepassado que inspirou o pai do tirano de Atenas, Hipócrates, na escolha do nome do filho. É ainda de Nestor, figura destacada na *Ilíada* e na *Odisseia* devido ao seu extraordinário dom da palavra e de aconselhamento, que descendem os dois reis lendários de Atenas, Codro e Melanto. As versões divergem quanto ao parentesco existente entre estes dois. Codro vem referido quer como filho quer como irmão de Melanto. No entanto, teria sido este último o primeiro Nelida a ser rei em Atenas. Em suma, os Pisístratos, por serem originários de Pilos, podem ser designados de Pílios; por serem descendentes de Neleu, ajusta-se-lhes o patronímico Nelidas.

[186] O período da história de Atenas que, até ao cap. 97, irá ser narrado corresponde aos anos que mediam entre o fim da tirania (510) e o pedido de apoio militar formalizado por Aristágoras de Mileto (499).

66. 1. Atenas, que já antes era poderosa, depois que foi libertada dos tiranos tornou-se ainda mais poderosa. Duas figuras se destacavam no seu seio, pelo poder que detinham: Clístenes, um Alcmeónida, que, segundo se conta, subornara a Pítia ([187]); e Iságoras, de quem, embora membro da ilustre casa de Tisandro, não sei relatar as origens – a sua família, porém, realizava sacrifícios em honra de Zeus cário ([188]). Estes dois homens disputavam o poder, mas Clístenes, como se 2. encontrava em desvantagem, procura as boas graças do povo ([189]). As quatro tribos de Atenienses que havia converteu-as, de seguida, em dez ([190]); repudiou as designações que lhes vinham dos nomes dos filhos de Íon – Geleonte, Egicoreu, Árgades e Hoplete – e desencantou nomes diferentes, de heróis locais, à excepção de Ájax (a este propô-lo porque, apesar de forasteiro, era vizinho e aliado de Atenas ([191])).

([187]) Cf. *supra*, capítulo 63.

([188]) Provavelmente devido às fontes de que dispunha, Heródoto é muito parco nas informações que fornece sobre Iságoras. Aliás, a própria indicação de que a sua família prestaria culto ao Zeus que os Cários (de Mégara) veneravam parece permitir distinguir os dois rivais políticos até pelas origens. Basta que nos lembremos de que os Alcmeónidas, por contraste, foram apresentados como uma família natural de Atenas (cf. *supra*, capítulo 62, 2). Leia-se sobre o favorecimento da imagem dos Alcmeónidas: G. R. Stanton, "The introduction of ostracism and Alcmeonid propaganda", *Journal of Hellenic Studies* 90 (1970) 180-183.

([189]) Pelas vias normais, isto é, o processo eleitoral conducente ao arcontado, magistratura que Iságoras ganhou ao seu rival (508/507), Clístenes não conseguia ascender ao poder.

([190]) Aristocrata reformista, Clístenes procede a uma série de mudanças na organização sócio-política de Atenas, procedimentos basilares para a instituição da democracia. Neste momento Heródoto refere apenas a modificação operada no corpo cívico e cujo efeito foi desfazer a antiga teia de influência de determinadas famílias nas quatro tribos existentes, servindo-se para isso da repartição dos cidadãos por um número bastante maior de tribos. As tribos deixavam de possuir um carácter gentilício e passavam a ser grupos de pessoas unidas por vínculos territoriais e administrativos. Mais adiante (cap. 69), o historiador retoma este mesmo assunto. Fonte fundamental e complementar para uma visão mais ampla sobre a perspectiva que os autores antigos nos dão dos acontecimentos é Aristóteles (*Constituição dos Atenienses* 20-22). Estudos que poderão ajudar a uma mais ampla e aprofundada abordagem da matéria: Ferreira 1987 e 1992: 88-93; P. Lévêque – P. Vidal Naquet, *Clisthène l'Athénien* (Paris ²1974); *CAH* ²IV: 303-346.

([191]) A ligação do herói homérico Ájax a Atenas derivava do facto de este ser o rei lendário de Salamina (*Ilíada* 2. 557 sq.; Heródoto 8. 64), ilha que passa das mãos de Mégara para as de Atenas durante o primeiro quartel do século VI.

67. 1. Ao tomar estas medidas, a meu ver, Clístenes imitava o seu avô materno, Clístenes, tirano de Sícion ([192]). Ora bem, este, na sequência da guerra que travou com os Argivos, proibiu em Sícion os concursos entre cantores dos Poemas Homéricos, uma vez que, nesses versos, os Argivos e Argos eram objecto dos mais rasgados elogios ([193]). Mais ainda, o templo do herói Adrasto, filho de Tálao, que estava e ainda está na praça pública de Sícion, esse quis Clístenes retirá-lo da região,
2. por ser Argivo([194]). Foi mesmo a Delfos, saber do oráculo se podia expulsar Adrasto. A Pítia, em resposta, disse-lhe que Adrasto era rei dos Siciónios e que ele, Clístenes, devia ser lapidado ([195]). Uma vez que o deus não lhe concedia a resposta desejada, no regresso a casa magicava uma maneira de erradicar o culto de Adrasto. Quando lhe pareceu ter descoberto uma solução, enviou uma embaixada a Tebas na Beócia, com a mensagem de que desejava levar consigo os despojos de Melanipo, filho de Ástaco; os Tebanos concederam-lhos ([196]).

([192]) Cidade da região da Argólida, situada próximo do golfo de Corinto, Sícion foi governada por Clístenes entre 601/600 e 570 (vide Nicolau Damasceno, frg. 61, 6 e *FGrHist* 90). Do casamento (cerca de 575) da sua filha Agarista com Mégacles, da família dos Alcmeónidas, nasce Clístenes de Atenas (cf. Heródoto 6. 126-131).

([193]) O conflito entre Argos e Sícion terá resultado na conquista da independência desta última, após a hegemonia exercida pelos Argivos durante o século VII. Reconhecendo à literatura um poder especial para influenciar a opinião pública, o tirano de Sícion protagoniza o acto de censura mais antigo no mundo grego. Embora Heródoto coloque dúvidas quanto à atribuição a Homero do poema épico *Epígonos* (4. 32), a verdade é que deve ser a este e a outras duas composições do chamado Ciclo Tebano (*Edipodia* e *Tebaida*) que o autor alude. Nessas obras cantam-se as vitórias de Argos e dos seus homens sobre Tebas.

([194]) Adrasto é o chefe dos sete heróis argivos da expedição movida contra Tebas, com o intuito de atribuir o trono a Polinices (cf. *supra*, nn. 162 e 169) e que, segundo Pausânias (2. 6, 6), teria sido o único a regressar a casa com vida. Fora novamente ele o comandante da segunda expedição contra Argos, agora à frente dos Epígonos, os filhos dos heróis caídos dez anos antes.

([195]) Adrasto era herdeiro de duas casas reais, tanto a de Argos, pelo lado do pai, como a de Sícion, pelo lado materno. Segundo a lenda, depois de expulso da terra pátria pelo homicida de seu pai, Adrasto procurara refúgio junto do avô Pólibo, rei de Sícion, a quem sucedeu, quando este morreu sem deixar descendentes do sexo masculino. Assim se explica a legitimidade com que a sua memória era venerada pelos Siciónios, de quem, efectivamente, fora soberano. Quanto a Clístenes, merece o castigo de ser lapidado devido ao sacrilégio que intenta.

([196]) Guerreiro tebano que enfrentou o ataque dos Argivos contra a sua cidade, Melanipo transformou-se em inimigo figadal de Adrasto a partir do momento em que lhe matou o irmão, Mecisteu, e o genro, Tideu. Prática corrente entre os Gregos, a trans-

Aos restos mortais de Melanipo resgatados dedicou Clístenes um santuário no interior do próprio pritaneu e aí, no local mais seguro da cidade, fez colocar uma estátua do herói ([197]). No entanto Clístenes resgatou Melanipo (é necessário explicar também este aspecto) por ser ele o maior inimigo de Adrasto, uma vez que lhe matara o irmão, Mecisteu, e o genro, Tideu. Quando lhe dedicou o recinto sagrado, retirou as honras sacrificiais e as preces a Adrasto e atribuiu-as a Melanipo. Todavia os Siciónios tinham por costume venerar com particular entusiasmo Adrasto, pois aquela era a região de que era natural Pólibo; e Adrasto era neto de Pólibo, pelo lado da mãe, e Pólibo, quando morreu sem filhos varões, entregou o poder a Adrasto. De facto os habitantes de Sícion veneravam Adrasto de várias maneiras, em especial glorificavam os seus padecimentos por meio de coros trágicos, que dedicavam, não a Dioniso, mas a ele. Clístenes, ao invés, dedicou os coros a Dioniso e o resto do cerimonial a Melanipo ([198]).

3.

4.

5.

Esta foi a maneira como procedeu com Adrasto. Quanto às tribos dos Dórios, mudou-lhes as designações, para que as tribos dos Siciónios não tivessem os mesmos nomes que as dos Argivos. Com esta alteração, gozou profundamente os cidadãos de Sícion, uma vez

68. 1.

---

ladação dos restos mortais de um herói só merece, no presente caso, um comentário particular, pois, ao contrário do que sugere Heródoto, não teria sido uma operação envolvendo a totalidade dos despojos. A avaliar pelo testemunho de Pausânias, que dá conta da existência em Tebas do túmulo de Melanipo (9. 18, 1), deduz-se que apenas parte dos despojos fora dispensada a Clístenes. Outras figuras lendárias cujos restos mortais foram alvo de translação são: Orestes (Heródoto 1. 68, 3), Teseu (Plutarco, *Teseu* 36), Minos (Diodoro 4. 79) e Alcmena (Plutarco, *De genio Socratis* 575 e).

([197]) Destinado a ser a residência oficial do magistrado mais importante da cidade, o pritaneu era ainda o local onde se mantinha aceso em permanência o fogo sagrado. Situado no centro político, económico, social e religioso da *pólis*, o seu recinto alberga, no caso da cidade de Sícion, o túmulo de uma figura assim publicamente elevada ao estatuto de herói pátrio. Claro que, como bem observa Schrader (n. 321) esta reforma religiosa de Clístenes deve ser considerada à luz do seu significado político. Ao nível das relações externas, substitui-se uma aliança com Argos por outra com Tebas. Do ponto de vista interno, assiste-se à instauração do culto ao deus Dioniso (mencionado no final deste capítulo).

([198]) Versando uma das matérias mais nebulosas sobre o teatro grego, as suas origens, o presente passo sugere a existência de uma forma dramática (o coro trágico), no contexto do culto a um herói morto em fase anterior à sua introdução nos rituais de adoração daquele que viria a ser o deus patrono dos festivais e do respectivo género dramático, Dioniso. No entanto, como alerta F. R. Adrados, continua a ser muito difícil encontrar provas desses rituais miméticos fora das festividades em honra de Dioniso (*Fiesta, comedia y tragédia*, Madrid 1983, 61-77).

que mudou os nomes das tribos para 'porco', 'burro' e 'leitão', adicionando-lhes as respectivas terminações – à excepção da sua própria tribo, à qual atribuiu uma designação alusiva à chefia do poder. Assim, aos membros da sua tribo chamou Arquelaus e aos outros Hiatas,
2. Oneatas e Quereatas ([199]). Estes foram os nomes das tribos que vigoraram entre os Siciónios durante a governação de Clístenes e por mais sessenta anos após a sua morte. Todavia, quando a questão foi posta à discussão, os Siciónios alteraram as designações para Hileus, Pânfilos e Dimanatas; a quarta designação foram buscá-la ao nome do filho de Adrasto, Egialeu, adoptando-o para a denominação da tribo chamada dos Egialeus.

69 1. Tal foi a actuação de Clístenes de Sícion. Quanto a Clístenes de Atenas, neto pelo lado da mãe do tirano de Sícion e com o mesmo nome deste, parece-me que foi por desprezo pelos Iónios e para que as tribos atenienses não tivessem os mesmos nomes das deles que seguiu
2. as peugadas do seu homónimo. Assim, ao povo, que antes estava arredado de todos os assuntos públicos, fê-lo tomar o seu partido, às tribos mudou-lhes as denominações e as poucas que havia transformou-as em número maior. Nomeou dez filarcas em vez de quatro e repartiu os demos pelas tribos([200]). O apoio do povo tornava-o bastante mais poderoso do que os seus adversários.

([199]) Ou seja, os novos nomes das tribos foram compostos a partir dos substantivos *hys* ('porco'), *onos* ('burro') e *choiros* ('leitão') e da junção da terminação –*atai*. À letra os nomes gregos *hyatai, oneatai* e *choireatai* significam 'os (da tribo) do porco', 'os (da tribo) do burro' e 'os (da tribo) do leitão', respectivamente. O nome da tribo de Clístenes, por seu turno, forma-se por composição, através da junção de dois substantivos, a saber: *arche* ('poder') e *laos* ('povo'), pelo que *arquelaoi* denomina 'os (da tribo) do chefe do povo'. Nenci (259 sq.) considera, no entanto, que Heródoto faz uma apreciação errada do significado que na época os locais atribuiriam aos nomes das tribos. Na sua opinião os termos encerram simples alusões a actividades económicas distintas, conforme sugere a presença do sufixo –*ates*, identificativo de uma profissão, neste caso a criação de gado.

([200]) Continuando o número de demos a ser o mesmo, mas fazendo-se a distribuição dos seus membros por um número superior de tribos, obtém-se o desígnio pretendido, a fusão do povo e respectiva dissolução dos vínculos de influência de determinadas famílias aristocráticas. Desta forma Clístenes conseguiu que os interesses do colectivo se sobrepusessem aos particulares. O filarca era o 'chefe da tribo', cujas funções precisas são desconhecidas. Sobre o conceito de *demos*, uma pequena comunidade rural, pré-existente na Ática às reformas de Clístenes e cujo número devia oscilar entre cem e duzentos, vide R. Osborne, *Demos: the discovery of classical Attika* (Cambridge 1985). O reformador cria um novo conceito de demo, que passa a ser a mais pequena unidade geográfica e política, com uma assembleia (correspondente à

Por seu lado Iságoras, de modo a combater a desvantagem em que se encontrava, desenha a seguinte estratégia: pede auxílio a Cleómenes da Lacedemónia, a quem o ligavam laços de hospitalidade desde os tempos do cerco aos Pisistrátidas (apesar de impender sobre Cleómenes a acusação de ter relações sexuais com a mulher de Iságoras)([201]). Primeiro Cleómenes enviou um arauto a Atenas com a proposta de capturar Clístenes e com ele um grande grupo de Atenienses, a quem chamavam 'sacrílegos'. A proposta era inspirada por Iságoras, pois os Alcmeónidas e os seus correligionários eram acusados de homicídio, ao passo que Iságoras e os seus partidários não.

70. 1.

2.

Eis a razão de alguns Atenienses terem recebido a alcunha de 'sacrílegos': havia em Atenas um vencedor dos Jogos Olímpicos, Cílon, indivíduo que se arvorou em paladino da tirania. Constituiu um contingente de apoiantes da sua idade e tentou tomar a acrópole ([202]). Porém, como não foi capaz de alcançar a vitória, prostrou-se aos pés da estátua da deusa, assumindo a atitude de suplicante ([203]). Os prítanes

71. 1.

2.

---

totalidade dos cidadãos nela inscritos), um magistrado (o demarca), um conselho e respectivos funcionários. Equivale, *grosso modo*, às actuais freguesias ou municípios. Em suma, o demo constitui, nas palavras de Ferreira 1987: 187, "uma cópia, em ponto reduzido, do funcionamento democrático da pólis".

([201]) A hospitalidade (*xenia*) constitui uma das mais antigas instituições gregas ao nível do relacionamento interpessoal. Patrocinada pelo deus supremo, Zeus *Xénios*, insere-se no âmbito das normas sagradas, logo invioláveis. Anfitrião e hóspede (*xenos*), unidos por vínculos que determinam a obrigatoriedade da entre-ajuda mútua, estabelecem uma aliança de solidariedade de natureza não só social, mas também política. Daí que concordemos com a posição de Schrader (n. 333), para quem "possivelmente Cleómenes contraiu relações de hospitalidade com Iságoras movido pelo desejo que Esparta tinha de incluir Atenas na sua esfera de alianças".

([202]) Cílon, vencedor da corrida do duplo estádio (*díaulos*, cf. Eusébio, 1. 198 e Pausânias, 1. 28, 1), na 35ª Olimpíada (*i. e.*, em 640/639), protagonizou um dos vários golpes de estado de que foi alvo o governo de Atenas durante a Época Arcaica. Outro evocado por Heródoto (1. 59, 4-6) foi efectuado pelo tirano Pisístrato. De particular interesse no presente episódio são dois factos: por um lado, este constitui o mais antigo testemunho da formação de uma espécie de partido político, entendido como uma facção de apoiantes, motivada pelo alcance de um objectivo comum e preciso; pelo outro, destaque-se a faixa etária jovem a que pertencem os conjurados, aspecto que permite falar da expressão política que pode assumir um conflito de gerações.

([203]) Por comparação com as outras duas fontes antigas que relatam este mesmo acontecimento (Tucídides, 1. 126; Plutarco, *Sólon* 12), Heródoto é bastante mais sucinto em termos de informação disponibilizada. Embora não refira qual a estátua da deusa a que os revoltosos se dirigiram como suplicantes (colocando-se a seus pés e tocando-lhe nos joelhos, conforme exigência do código da súplica), passando-se a acção na acrópole, é provável tratar-se de Atena Políade, patrona da cidade. Sobre o ritual da súplica na Grécia Antiga, vide J. Gould, "Hiketeia", *Journal of Hellenic of Studies* 93 (1973) 74-103.

dos náucraros, que então governavam a cidade, salvaram-nos, uma vez que detinham todos os direitos sobre eles, menos o de lhes dar a morte ([204]). No entanto recai sobre os Alcmeónidas a acusação do homicídio de que foram vítimas os suplicantes ([205]). Estes episódios tiveram lugar antes da época de Pisístrato ([206]).

72. 1. Ora bem, quando Cleómenes enviou um arauto a propor a captura de Clístenes e dos 'sacrílegos', este tomou a decisão de

---

([204]) Os *prítanes* (ou 'primeiros') dos *náucraros* correspondem a cargos políticos anteriores às reformas de Clístenes. A naucraria, que veio a ser substituída pelo demos, era uma circunscrição territorial, cujos membros e chefe tinham por obrigação suportar o financiamento de um navio (*naus*) de guerra e dois soldados de cavalaria, bem como os respectivos equipamentos (cf. Aristóteles, *Constituição dos Atenienses* 8. 3; Pólux, 8. 108). As naucrarias existiam em número de doze por tribo, o que perfaz um total de quarenta e oito. O presente passo das *Histórias* tem originado uma acesa discussão entre os estudiosos, pelo facto de Heródoto apresentar uma versão diferente da de Tucídides (1. 126, 8). Na verdade, este último não só omite qualquer referência aos náucraros, como afirma que eram os arcontes quem dirigia o estado. A partir destas diferenças, entendeu-se, durante muito tempo, que os historiadores gregos apresentavam visões diferentes da mesma realidade, a Atenas da Época Arcaica. B. Jordan fez, no entanto, uma nova interpretação dos factos ("Herodotus V 71, 2 and the Naukraroi of Athens", *California Studies in Classical Antiquity* 3, 1970, 153-175). Preferindo a leitura do manuscrito S (codex Sancroft), assegura como mais fidedigna a versão *enemonto* ('recolhiam os impostos'), em vez de *enemon* ('governavam'). Ou seja, aos náucraros competiam as funções de guardar as taxas cobradas no tesouro, sito no templo de Atena, bem como de velar pelos bens da divindade. Compreende-se, portanto, que coubesse aos seus *prítanes*, na qualidade de autoridades devidamente qualificadas para entrar no local, resgatar Cílon e os seus apoiantes, que se haviam colocado sob protecção da deusa.

([205]) Ao fazer-se porta-voz da versão que atribuía aos Alcmeónidas a responsabilidade da morte dos suplicantes (acto que, à luz da religião grega, constituía um evidente sacrilégio), Heródoto estaria a pensar em Mégacles, arconte responsável pela ordem de execução (cf. Plutarco, *Sólon* 12. 1). Leia-se, sobre este assunto: B. Jordan, "Herodotus V 71, 2 and the Naukraroi of Athens", *Californian Studies in Classical Antiquities* 3 (1970) 173-175. Não podemos deixar de aproximar do sacrilégio cometido por Gregos contra Gregos um outro passo das *Histórias* (8. 53, 2). Também aí se assiste ao massacre de suplicantes (Atenienses) refugiados no templo da deusa da cidade, só que, dessa feita, a autoria do crime recaiu sobre os Persas chefiados por Xerxes. Tal como sucede relativamente a muitos outros aspectos, Gregos e Bárbaros não devem ser vistos como grupos étnicos completamente distintos nos seus actos e nos valores que preconizam (tese fundamental do estudo Soares: 2003).

([206]) Diante da datação vaga que o historiador apresenta para este episódio, diversos estudiosos têm adiantado argumentos a favor tanto de uma 'data alta' (636-632), como de uma 'data baixa', isto é pós-soloniana (meados do século VI). Para uma discussão detalhada sobre esta matéria, vide Nenci: 264-265. A propósito das principais questões levantadas pelo golpe de Cílon, leia-se, ainda: D. F. Leão, *Sólon. Ética e Política* (Lisboa 2001) 215-221.

retirar-se em segredo da cidade. Pouco tempo depois, Cleómenes apresentava-se em Atenas com um punhado de soldados e, depois de se instalar, enviou para o exílio setecentas famílias atenienses – acção que lhe recomendara Iságoras [207]. Contudo, cumprida esta etapa, a segunda era tentar dissolver o conselho [208] e colocar o poder nas mãos de trezentos rebeldes apoiantes de Iságoras. Perante a resistência e oposição do conselho, Cleómenes, Iságoras e os apoiantes deste tomaram a acrópole. Mas os restantes Atenienses, depois de avaliar a situação, cercaram-nos durante dois dias; ao terceiro, capitularam e todos quantos eram da Lacedemónia abandonaram o território da Ática. Assim se cumpriu a profecia feita a Cleómenes. É que, quando subiu à acrópole com a intenção de se apoderar dela, entrou na sala da deusa, no templo, para lhe prestar culto [209]. Contudo a sacerdotisa, levantando-se do trono e antes que ele transpusesse a porta, advertiu-o: 'Forasteiro lacedemónio, retira-te, não entres no santuário! A vontade dos deuses não consente a presença de Dórios neste recinto'. Ao que ele respondeu: 'Senhora, mas eu não sou Dório, sou Aqueu [210]'. Pelo que, sem dar a menor importância à admonição divina, levou a

2.

3.

4.

---

[207] A segunda ofensiva armada chefiada por Cleómenes contra alguns cidadãos de Atenas terá ocorrido, conforme se depreende da alusão feita ao autor do pedido de apoio militar, durante o arcontado de Iságoras (508/507).

[208] O alvo principal do ataque de Iságoras era o conselho, ou seja a *bulê* dos Quinhentos, uma das principais criações de Clístenes em matéria de instituições políticas. Formado por cinquenta membros de cada uma das dez novas tribos, este órgão sobressaía como uma das maiores conquistas democráticas ao nível da governação. De facto, não só estava aberto à participação de membros do povo, tirados à sorte para o exercício dos cargos, como os mandatos dos conselheiros tinham a duração anual e estavam limitados a dois por cidadão, medidas responsáveis pela rotatividade no acesso ao poder. Compreende-se, assim, que este conselho possa ter sido sentido como um órgão concorrencial do Areópago, onde só os aristocratas tinham assento, mas cujos mandatos eram vitalícios. Quanto às famílias expulsas nesta ocasião por Iságoras, o mais plausível é que a razão que esteve na base dessa medida não tenha sido religiosa (punição dos 'sacrílegos'), mas sim política. O arconte, um aristocrata conservador, ter-se-ia servido desta medida para afastar apoiantes do seu rival, Clístenes, um aristocrata reformista.

[209] Trata-se do Erectéion, que seria incendiado pelos Persas em 480 (cf. Heródoto 8. 51, 2). Este templo tinha uma sala reservada à estátua da deusa, chamada *adyton*, de acesso restrito, conforme se percebe pelo presente episódio.

[210] Com esta correcção Cleómenes alude às origens lendárias dos reis de Esparta, descendentes de Héracles, bisneto de Perseu, herói de origem aqueia (cf. Heródoto 6. 53). Estava, assim, a distanciar-se dos Dórios, sobre quem impendia a proibição de pisarem o templo de Atena.

sua empresa por diante e, acompanhado pelos seus soldados lacedemónios, sofreu novo revés. Os Atenienses prenderam e condenaram à morte os outros responsáveis pelo golpe; entre eles encontrava-se Timesíteo de Delfos, de quem poderei narrar ilustres feitos e actos de coragem ([211]).

73. 1. Estes últimos foram, pois, presos e executados. Depois destes acontecimentos, os Atenienses mandam chamar de volta Clístenes e as setecentas famílias expulsas por Cleómenes. Desejosos de estabelecer uma aliança com os Persas, enviam mensageiros a Sardes, pois acreditavam que aqueles estavam em guerra com os Lacedemónios e,
2. em especial, com Cleómenes. Chegados os mensageiros a Sardes e apresentadas as ordens que traziam, Artafernes, filho de Hístaspes, sátrapa local, perguntou-lhes quem eram e onde moravam esses indivíduos que pediam para ser aliados dos Persas. Face aos esclarecimentos dos mensageiros, eis a resposta que lhes deu Artafernes: 'Se os Gregos entregarem ao rei Dario terra e água, ele estabelecerá com eles uma aliança ([212]); mas se não o fizerem, a ordem que dá é que se retirem'.
3. Então os mensageiros, desejosos de firmar a aliança, assumiram a responsabilidade da decisão e afirmaram que davam terra e água. E foi por isso que, ao regressarem a casa, foram alvo de graves censuras ([213]).

74. 1 Cleómenes, por seu lado, sabendo que era objecto de pesados insultos, por palavras e actos dos Atenienses, formava um exército constituído por forças de todo o Peloponeso. Embora não explicasse para que o reunia, desejava vingar-se do povo de Atenas e pretendia impor-lhe Iságoras como tirano (é verdade, este escapara com ele da
2. acrópole) ([214]). Então Cleómenes invadiu Elêusis com uma portentosa

---

([211]) Figura referida também por Pausânias (6. 8, 6), não só pela sua distinção enquanto guerreiro, mas também por ter sido vencedor na modalidade de luta conhecida por pancrácio, duas vezes nos Jogos Olímpicos e três nos Jogos Píticos.

([212]) Entregar terra e água ao rei constitui a forma simbólica de lhe reconhecer a soberania (tanto em terra, como nos mares) e, implicitamente, a subjugação dos ofertantes ao seu poder.

([213]) Possivelmente a prontidão com que os embaixadores assumiram a responsabilidade de aceitar as condições dos Persas, dispensando a consulta prévia dos seus concidadãos, deve-se ao facto de saberem haver figuras poderosas (os Alcmeónidas) dispostas a subscrever os seus actos. Semelhantes expectativas afinal não se cumpriram, desfecho que alguns vêem como indicador de que o desaparecimento de Clístenes da cena política se ficara a dever a este infeliz episódio (cf. Schrader: n. 352).

([214]) A motivação de Cleómenes, atacar Atenas e fazer do seu hóspede Iságoras tirano da cidade, pode esconder não só o desejo de vingança pessoal, mas também o

expedição e os Beócios, de acordo com o plano estabelecido, tomaram Énoe e Hísias, demos limítrofes da Ática ([215]), ao passo que os Calcidenses avançaram sobre outras regiões da Ática e arrasaram-nas. Os Atenienses, embora fossem atacados em duas frentes, decidiram deixar para uma outra fase a resposta aos Beócios e Calcidenses e apontaram as suas armas contra os Peloponésios, que se encontravam em Elêusis.

No entanto, quando as forças do Peloponeso se preparavam para avançar sobre o campo inimigo, os Coríntios foram os primeiros a declarar-lhes que não estavam a agir de forma correcta; mudaram de opinião e partiram ([216]). Seguiu-se-lhes Demarato, filho de Aríston e rei dos Espartanos, comandante do exército lacedemónio e que até à data nunca discordara de Cleómenes ([217]). Porém, depois deste desentendimento, estabeleceu-se em Esparta a norma de não autorizar que os dois reis partissem juntos para a guerra. A verdade é que até aí

75. 1.

2.

---

pagamento de uma dívida de gratidão. Segundo P. J. Bicknell, na sequência do desaire da acrópole, Cleómenes concedera a cidadania espartana a Iságoras ("Athenian politics and genealogy. Some pendants", *Historia* 23 (1974) 146-161).

([215]) Énoe situava-se na estrada que ligava Tebas a Elêusis, próximo da fonteira com os Beócios. Já Hísias, ao contrário do que aqui afirma o historiador, não era um *demo* ático, mas pertencia a Plateias (como diz mais adiante, cf. 6. 108, 6). Ou seja, ambos os locais estavam sujeitos à instabilidade própria das zonas de fronteira.

([216]) Vulgarmente interpretada como manifestação de interesses político-estratégicos, a actuação dos Coríntios colhe duas leituras distintas entre os estudiosos. A sua retirada pode ser entendida como uma medida para um salvamento interesseiro de Atenas: caso esta perdesse o seu poder e independência, havia sérias probabilidades de que Egina, situada no Golfo Sarónico de frente para Corinto, se tornasse a primeira potência comercial na região (mudança que nada convinha a Corinto); se se tornasse aliada de Esparta na Simaquia do Peloponeso, poderia destituir Corinto do lugar influente que até aí exercia nesse contexto (cf. Schrader: n. 358). Noutra perspectiva, há quem defenda que Heródoto reflecte neste apoio dos Coríntios aos Atenienses, bem como na intervenção do Coríntio Socles (*infra*, cap. 92) contra a intenção de Esparta de colocar Hípias de novo como tirano em Atenas, acontecimentos históricos contemporâneos do historiador, a saber: o auxílio militar prestado por ocasião da guerra de Atenas contra Samos, em 446 (cf. F. Robert, "Sophocle, Périclès, Hérodote et la date d'*Ajax*", *Revue de Philologie* 38. 2 (1964) 213-227, em especial 232-234).

([217]) Da constituição espartana faziam parte dois reis, que governavam em simultâneo e eram, cada um deles, membro de uma das famílias reais, a dos Agíades e a dos Euripôntidas. Demarato, da família dos segundos, colega de Cleómenes, terá reinado entre 520-490, altura em que é deposto (cf. Heródoto 6. 61-66). Sobre a cronologia dos monarcas de Esparta, vide W. G. Forrest, *A history of Sparta 950-192 B.C.* (London 1968) 21 sq.

3.
ambos o faziam. A lei estabelecia que, tal como um dos reis ficava eximido dessa função, também fosse deixada em Esparta uma das estátuas dos Tindáridas, pois até essa data ambas acompanhavam o exército, na qualidade de divindades protectoras ([218]). Ora bem, quando o resto dos aliados estacionados em Elêusis percebeu que os reis lacedemónios não estavam de acordo e que os Coríntios abandonavam a sua posição em campo, também eles bateram em retirada.

76. Esta era a quarta invasão da Ática pelos Dórios ([219]). Duas vezes vieram para fazer a guerra e outras duas para salvação do povo de Atenas: a primeira foi quando fundaram Mégara (esta expedição poderia com justiça chamar-se 'de Codro', pois nessa altura era ele o rei dos Atenienses ([220])); a segunda e a terceira deram-se quando os Espartanos vieram apoiar a expulsão dos Pisistrátidas ([221]); a quarta é a presente, que corresponde à invasão de Elêusis por Cleómenes à frente dos Peloponésios. Assim se deu a quarta investida dos Dórios contra Atenas.

77. 1. Pois bem, desfeita sem honra nem glória esta expedição militar, os Atenienses, desejosos de vingança, primeiro organizam um exército contra os Calcidenses. Mas os Beócios vêm em auxílio dos Calcidenses, na região do estreito do Euripo ([222]). Quando viram os

---

([218]) Os reis espartanos tinham por hábito levar consigo para a guerra as imagens dos dois gémeos Castor e Pólux, filhos de Leda, casada com o rei mítico de Esparta, Tíndaro, mas duplamente fecundada, tanto por este como por Zeus, metamorfoseado em cisne. Devido a essa dupla paternidade os jovens guerreiros recebiam tanto o patronímico de Tindáridas como de Dioscuros – de Zeus (*Dios*) filhos (*kouroi*). O episódio relatado por Heródoto dá conta de uma reforma por que passou a organização do exército espartano, mudança que terá visado dois objectivos: conceder unidade de comando às tropas e garantir a presença na pátria de um dos seus soberanos, num momento de maior fragilidade como era um conflito armado.

([219]) Compostas e divulgadas durante a Guerra do Peloponeso (431-404), as *Histórias*, ao darem conta de uma longa tradição espartana de invadir a Ática, tornavam evidente aos olhos do público contemporâneo que a situação que vivia não se devia desligar do passado. Repare-se que a quarta invasão identificada (em 506) não pode, por isso, ser apresentada como a última. Na mente dos Atenienses estavam outras três mais recentes (em Maio de 431, em 430 e em 428 – cf. Nenci: 270).

([220]) Sobre Codro, vide *supra*, n. 185.

([221]) Remete para as campanhas *supra* descritas, a de Anquimólio, por mar (5. 63), e a de Cleómenes, por terra (5. 64).

([222]) Num único dia, os Atenienses atacam e derrotam dois dos povos aliados dos Espartanos e vizinhos entre si, os Calcidenses e os Beócios. A cidade de Cálcis ficava em Eubeia, mais propriamente nas margens do estreito que separava a ilha da região continental grega fronteiriça, a Beócia.

120

Beócios, os Atenienses, por sua vez, acharam melhor atacá-los primeiro a eles do que aos Calcidenses. Precipitaram-se, então, contra os Beócios e obtiveram uma vitória estrondosa: fizeram setecentos prisioneiros e provocaram um número bastante elevado de baixas. Nesse mesmo dia, atravessam para a ilha Eubeia e caem sobre os Calcidenses. Alcançada a vitória, deixam quatro mil colonos na terra dos Hipóbatas – assim são chamados entre os Calcidenses os homens abastados ([223]). Aos Hipóbatas que foram feitos prisioneiros, porém, encerraram-nos na prisão, amarrados pelos pés aos Beócios capturados. Mais tarde libertaram-nos mediante o pagamento de um resgate no valor de duas minas por cada um ([224]). As correntes a que estavam presos penduraram-nas na acrópole e ainda aí estavam no meu tempo, suspensas das muralhas queimadas pelo incêndio ateado pelos Medos, de frente para o templo virado a ocidente ([225]). A décima parte do resgate investiram-na na construção de uma quadriga de bronze. Esta encontra-se do lado esquerdo, mal se entra nos propileus da acrópole ([226]), e exibe a seguinte inscrição: 'Depois de subjugarem as gentes da Beócia e de

2.

3.

4.

([223]) O termo *hippobata*, usado para identificar o grupo social dos cidadãos ricos, designa à letra 'aquele que se dedica à criação de cavalos'. Duas das maiores cidades da ilha de Eubeia tinham por principal fonte de rendimentos a exportação destes animais, que, como atesta Aristóteles (*Política*, 4. 3, 2-3, 1289b-1290a), eram raros e extremamente valiosos na Grécia.

([224]) Este valor (equivalente a 1,232 kg de prata) parece ser o resgate habitualmente pago entre os Gregos pelos seus prisioneiros de guerra (cf. Heródoto 6. 79, 1).

([225]) As correntes foram penduradas no muro norte da Acrópole, isto é de frente para o Erectéion, templo voltado para ocidente. Como irá relatar mais tarde Heródoto (8. 53, 2), este templo e toda a acrópole foi incendiada pelos Persas, aquando da invasão de 480.

([226]) A entrada monumental da Acrópole, os propileus, serve aqui como referente espacial para a localização da estátua da quadriga cuja inscrição Heródoto cita. No entanto estas coordenadas não coincidem com as que mais tarde Pausânias indica (1. 28, 2), situando a mesma peça no Pártenon, junto à estátua de Atena, esculpida por Fídias. Consideram os comentadores modernos que este desencontro resulta das várias intervenções que ao longo dos tempos se produziram na Acrópole. Assim, a quadriga dedicada a Palas Atena teria mudado do lugar em que a viu Heródoto para onde a coloca Pausânias por ocasião da reconstrução dos propileus (obras iniciadas em 437 e levadas a cabo pelo arquitecto Mnésicles). Note-se, no entanto, que Heródoto não está a referir-se à quadriga primitiva (posterior à vitória agora relatada e ocorrida em 506), provavelmente destruída ou roubada pelos Persas durante o incêndio da Acrópole em 480. Trata-se de uma cópia, feita mais tarde (meados do século V), cujo pedestal com a respectiva inscrição gravada foi encontrado e corresponde à transcrição de Heródoto (cf. *Inscriptiones Graecae* I³ 501). Também apareceu o pedestal da estátua original, cuja inscrição apresenta apenas a troca do 1º pelo 3º versos. Para uma análise detalhada sobre este assunto, vide Nenci: 272-274.

Cálcis, em renhida guerra, os filhos de Atenas apaziguaram a sua insolência nas cadeias de ferro enegrecido. O dízimo do resgate, estas éguas, dedicam-no a Palas' ([227]).

78. Foi nesta altura que os Atenienses começaram a ganhar projecção. É evidente – não por uma única razão, mas por todas – que a liberdade ([228]) é um bem precioso, pois se os Atenienses, durante o regime tirânico, não eram guerreiros em nada inferiores aos seus vizinhos, quando expulsaram os tiranos tornaram-se de longe os melhores ([229]). Isto prova, portanto, que, quando eram dominados, se mostravam fracos, porque sujeitos a um senhor, mas, depois de libertados, cada um se empenhava em atingir os seus próprios objectivos.

79. 1. Desta forma actuavam os Atenienses. Já os Tebanos, depois do desaire sofrido, enviaram uma delegação a Delfos, pois desejavam vingar-se dos Atenienses. A Pítia respondeu-lhes que não poderiam vingar-se sozinhos e ordenou-lhes que se dirigissem 'ao lugar onde se
2. fala muito' e 'pedissem ajuda aos mais próximos' ([230]). Quando os emissários regressaram a casa, os Tebanos reuniram a assembleia do povo e revelaram o oráculo. Diante da informação que lhes recomendava que procurassem ajuda nos mais próximos, os cidadãos ouviram a mensagem e perguntaram: 'Não é verdade que quem vive mais perto de nós são os Tanagreus, os Coroneus e os Téspios? ([231]) Aliás todos

---

([227]) Aristides (2. 512) atribui o epigrama em dísticos elegíacos a Simónides.

([228]) O termo usado é *isegoria*, que verdadeiramente significa 'liberdade de expressão', um dos fundamentos da democracia antiga. Era na Assembleia que, do ponto de vista político, essa liberdade mais se potenciava, uma vez que qualquer cidadão aí podia tomar da palavra para fazer ouvir a sua opinião. O regime tinha ainda por princípios basilares outras duas 'igualdades': a igualdade perante a lei (*isonomia*), uma vez que esta é soberana, o mesmo é dizer que todos os cidadãos estão sujeitos, de igual forma, aos seus ditames; a igualdade no poder, isto é, no acesso aos cargos políticos (*isocracia*). Sobre este assunto, vide: J. D. Lewis, "Isegoria at Athens: when did it begin", *Historia* 20 (1971) 129-140; Y. Nakategawa, "Isegoria in Herodotus", *Historia* 37. 3 (1988) 257-275.

([229]) Heródoto condena sistematicamente a tirania, temática analisada em pormenor em Waters: 1971.

([230]) A sacerdotisa de Apolo utiliza uma expressão poética homérica para designar a Assembleia, ou seja 'o lugar onde se fala muito' (*Odisseia* 2. 150). A primeira interpretação feita de 'os mais próximos' é de tipo geográfico ('vizinhos') e não de consanguinidade ('parentes'), apesar de ser este último o sentido implícito no oráculo (cf. *infra*, capítulo 80).

([231]) As cidades de Tânagra, Coroneia e Téspias, todas situadas na região da Beócia, integravam a Liga Beócia, encabeçada por Tebas, federação sobre a qual possuímos poucas informações precisas (cf. Larsen: 1968, 26-40).

eles têm combatido sempre do nosso lado e enfrentado com valentia o combate. Porque é que precisamos, então, de lhes pedir ajuda? A não ser que o sentido do oráculo não seja este'.

80. 1. Estavam eles nestas considerações, quando um indivíduo, percebendo a mensagem, exclamou: 'Parece-me que entendo o que nos quer dizer o oráculo. Conta-se que Tebas e Egina são filhas de Asopo. Sendo elas irmãs, acho que o deus está a dizer que devem ser os Eginetas a ajudar-nos na nossa vingança' [232]. E como ninguém 2. parecia apresentar nenhuma interpretação melhor do que esta, enviaram de imediato uma embaixada a solicitar auxílio a Egina. Invocando a autoridade do oráculo, solicitavam-lhes apoio a eles, pois eram seus parentes. Ao pedido apresentado responderam os Eginetas com o envio das estátuas dos Eácidas [233].

81. 1. Confiantes na aliança dos Eácidas, os Tebanos afoitaram-se no combate, mas sofreram uma amarga derrota às mãos dos Atenienses. Mandaram, então, restituir os Eácidas e requisitaram antes soldados. Os Eginetas, orgulhosos da sua grande prosperidade e lembrados da 2. ancestral inimizade que tinham aos Atenienses [234], quando os Tebanos

---

([232]) Na origem do parentesco entre Tebanos e Eginetas estão as figuras lendárias de Tebe e Egina, ambas ligadas a um progenitor de seu nome Asopo. No caso de Egina, esta era filha do rio Asopo, que corria no Peloponeso e desembocava no golfo de Corinto (Pausânias, 2. 5, 2). O mesmo nome era dado ao rio que passava por Tebas, do qual era filha a ninfa Egina. A homonímia deve ser o provável factor responsável por se criar um parentesco que inicialmente não existia.

([233]) Referência às estátuas de Éaco e dos seus filhos, Télamon, Foco e Peleu, heróis tutelares de Egina. Segundo a lenda, o primeiro rei da ilha, Éaco, era filho de Zeus e da ninfa Egina. Peleu e Télamon, como castigo pelo homicídio do meio-irmão Foco, foram desterrados pelo pai para Egina. O primeiro, pai de Aquiles, partiu para a Ftia, ao passo que Télamon se instalou em Salamina, terra natal de Ájax (*Ilíada* 2. 557 sq.). Sobre estas figuras, leia-se Píndaro, *Nemeia* 5. 7-16; Ovídio, *Metamorfoses* 11. 266-270; Pausânias 2. 29. 2-3; Higino, *Fábulas* 14.

O envio das estátuas dos Eácidas aos Tebanos constitui uma forma simbólica de prestar apoio religioso e militar, uma vez que, tal como vimos acima a propósito dos Tindáridas, Castor e Pólux, em Esparta (Heródoto 5. 75), também os Eginetas se faziam acompanhar nas suas expedições armadas pelas imagens a que reconheciam poderes protectores e apotropaicos (8. 64, 2; 8. 83, 2; 8. 84, 2).

([234]) Grande potência comercial e expansionista grega, Egina fundou cidades em vários locais com fortes vantagens económicas (Egipto, Mar Negro e Síria) e, sinal incontornável do poderio alcançado, foi a primeira cidade helena a cunhar moeda (ainda no século VII, à volta do ano 620). Não podemos esquecer que para o público contemporâneo das *Histórias* a rivalidade entre Atenas e Egina era não só um motivo bem conhecido da história interna grega, anterior às invasões persas, mas também um

3. lhes pediram apoio militar, atacaram os Atenienses sem uma declaração prévia de hostilidades ([235]). Assim, enquanto os Atenienses combatiam os Beócios, os Eginetas dirigiram-se com uma frota numerosa em direcção à Ática e atacaram Falero e muitos outros demos da zona costeira. Esta ofensiva prejudicou gravemente Atenas.

82. 1. A origem da anterior inimizade dos Eginetas aos Atenienses foi a que se segue. A terra de Epidauro não produzia nenhum fruto, infortúnio que levou os Epidáurios a consultar o oráculo de Delfos. A Pítia ordenou-lhes que erguessem estátuas em honra de Dâmia e Auxésia e que, cumprido este voto, as coisas melhorariam ([236]).

2. Então os Epidáurios perguntaram se deviam fazer as imagens de bronze ou pedra. A Pítia, porém, não autorizava nenhum desses materiais, mas sim a madeira de oliveira mansa. Por conseguinte os Epidáurios pediram aos Atenienses que lhes deixassem cortar uma das suas oliveiras, porque sabiam que aquelas eram especialmente sagradas. Também se diz que, naquele tempo, não havia oliveiras em

3. nenhuma outra parte da terra, senão em Atenas([237]). Os Atenienses

---

tema actual. A política anti-egineta de Péricles vem testemunhada tanto por Aristóteles (*Retórica*, 1411 a, 15) como por Plutarco (*Péricles* 8, 5), que referem que o estadista ateniense considerava a ilha um 'pedaço de remela' no olho do Pireu, o porto de Atenas. Sobre a história de Egina, vide T. J. Figueira, *Aegina, society and politics* (New York 1981).

([235]) Ditava o direito consuetudinário grego que, antes de iniciado qualquer conflito armado, uma delegação constituída por arautos das forças beligerantes deveria tentar evitar o confronto pela via diplomática ou então proceder à declaração oficial das hostilidades.

([236]) Segundo a lenda (Pausânias, 2. 30, 4 e 32, 2), tratava-se de duas jovens cretenses que, durante uma visita a Trezena, foram apanhadas no meio de um motim e morreram lapidadas. Para reparar a sua falta, os habitantes locais consagraram-lhes um templo. Passaram a ser divindades associadas à fertilidade da terra. Esses atributos estão denunciados no nome de uma, Auxésia ou 'aquela que faz crescer', e na associação de Dâmia, na religião romana, para onde entrou via Tarento, à *Bona Dea*, permitindo-nos, assim, associá-la a Deméter.

([237]) De acordo com o mito da fundação de Atenas, a disputa pelo poder entre os deuses Poséidon e Atena resultara vantajosa para esta, graças ao dom que oferecera, precisamente a oliveira. Fora graças ao apoio do primeiro rei lendário da Ática, Cécrops, que a deusa obtivera a vitória. Aliás, no frontão ocidental do Pártenon está representado o momento em que Atena faz brotar a primeira oliveira. Esta árvore, conforme conta Heródoto mais adiante nas suas *Histórias* (8. 55), revelará a sua natureza sagrada quando, depois de ter sido completamente calcinada durante o incêndio lançado pelas tropas de Xerxes à Acrópole, no dia seguinte emite um rebento novo, com cerca de 45cm de comprimento. Para uma reflexão sobre a importância da

responderam que lhes concederiam o pedido sob a condição de todos os anos fazerem sacrifícios a Atena Políade e a Erecteu ([238]). Sob promessa de respeitarem essa condição, os Epidáurios conseguiram o que pretendiam; esculpiram as imagens em madeira dessas oliveiras e colocaram-nas no templo. A terra passou então a produzir frutos e eles cumpriram com a palavra dada aos Atenienses.

83. 1. Todavia, já nessa época e mesmo anteriormente, as gentes de Egina estavam subordinadas aos Epidáurios, pois deslocavam-se a Epidauro para, entre outras coisas, procederem aos julgamentos de questões particulares ([239]). Mas, depois que passaram a construir barcos, levados pela arrogância, voltaram as costas aos Epidáurios ([240]). 2. Na sequência deste desentendimento, os Eginetas saqueavam-lhes os territórios, pois eram os senhores dos mares, e até lhes roubaram as tais estátuas de Dâmia e Auxésia. Levaram-nas consigo e consagraram-nas num local do interior do seu território, chamado Ea, que dista no máximo vinte estádios da cidade ([241]). 3. Assim que instalaram as imagens nesse local, procuraram apaziguar as deusas com sacrifícios e coros femininos de conteúdo maledicente. Para cada uma das divindades nomearam dez coregos ([242]). E nestes cantos não

---

oliveira na Grécia antiga, vide: M.-C. Amouretti, *Le pain et l' huile dans la Grèce antique* (Paris 1986) 153-361. Conforme refere Nenci (p. 278), a ideia de que não teria havido, mesmo em tempos recuados, oliveiras fora da Ática carece de fundamento.

([238]) A contrapartida exigida aos Epidáurios era que prestassem anualmente culto às duas divindades cívicas mais importantes: Atena Políade, patrona da pólis, e Erecteu, herói também ligado à fundação da cidade, até Eurípides confundido com Erictónio, filho de Poséidon e da Terra. Passará também a ser considerado um dos primeiros reis de Atenas, ou seja, tal como Atena, é uma figura de especial veneração em Atenas, conforme atesta a existência de um templo antigo em sua homenagem, erigido na Acrópole, o Erectéion (cf. supra n. 209).

([239]) Não dispomos de dados seguros para apontar uma datação exacta para os acontecimentos referidos, devendo estes situar-se pelo menos na segunda metade do século VII.

([240]) A dependência dos Eginetas em relação aos Epidáurios tem fundamento histórico, pois aqueles eram colonos provenientes de Epidauro (Heródoto, 8. 46; Pausânias, 2. 29, 5). Daí que se compreenda que, até se tornarem independentes (alteração que terá ocorrido à volta de 600, data em que Periandro, tirano de Corinto, se apoderou de Epidauro), fossem obrigados a recorrer à cidade-mãe para a resolução de questões jurídicas.

([241]) Distância que corresponde aproximadamente a 3, 5 km.

([242]) O corego era um cidadão que tinha a seu cargo custear os ensaios de um coro e as despesas com o respectivo guarda-roupa. O tom licencioso dos cantos adequa-se a cerimónias de divindades propiciadoras da fertilidade, seja ela dos campos ou dos

se podia insultar nenhum indivíduo do sexo masculino, mas apenas mulheres da terra. Os Epidáurios tinham as mesmas cerimónias religiosas e também cerimónias de carácter secreto.

84. 1. Devido ao roubo das imagens, os habitantes de Epidauro não podiam cumprir o que haviam prometido aos Atenienses. Estes, por sua vez, mandaram uma embaixada dar-lhes a conhecer o seu desagrado. Todavia os Epidáurios argumentaram que não tinham cometido nenhum delito. De facto, durante todo o tempo em que tiveram as estátuas no seu território, cumpriram a promessa feita. Depois de terem ficado privados delas, não seria justo serem eles a arcar com o voto. Reclamavam, ao invés, que o fizessem aqueles que as tinham na
2. sua posse, os Eginetas. Perante esta resposta, os Atenienses enviaram mensageiros a Egina a reclamar as estátuas das deusas. Os Eginetas por seu lado disseram que nada tinham a tratar com eles.

85. 1. Contam os Atenienses que, depois de apresentada esta reclamação, alguns dos seus concidadãos partiram num único navio ([243]), em missão de estado, e que, chegados a Egina, tentaram recuperar os pedestais das estátuas, uma vez que tinham sido feitos com a sua
2. madeira, para os trazerem de volta a casa. Contam também que, incapazes de se apoderarem por essa via das imagens, os enviados amarraram-lhes cordas e arrastaram-nas. E nesse preciso momento deu-se um trovão, que foi também acompanhado por um sismo. Os tripulantes da triera que puxavam as estátuas, fora de si devido a semelhantes fenómenos, matavam-se uns aos outros, como se fossem inimigos, a ponto de apenas um membro do grupo ter sobrevivido e regressado a Falero.

---

seres humanos. Vejam-se, a título ilustrativo, os testemunhos de Aristófanes quanto à prática de proferir insultos e obscenidades no decurso dos festivais religiosos em honra de Deméter em Elêusis (*Rãs* 384-415) e de Dioniso (*Vespas* 1362).

([243]) O navio usado era a triera ou, como lhe chamaram os latinos, a trirreme, ou seja, um navio de guerra que se caracterizava, como indica a própria designação, por possuir três níveis sobrepostos de filas de remadores de cada lado. Na Época Clássica media cerca de 35 m de comprimento por 5,5 m de largura e a vela era de aproximadamente 22 m de largura por 8 m de altura. A tripulação ascendia a mais ou menos 200 homens: 170 remadores, entre 5 a 10 epíbatas, ou soldados de infantaria, 4 archeiros e ainda 16 outros homens, cujas funções no barco se tem alguma dificuldade em identificar. Para uma análise mais detalhada do aparecimento e características da trirreme, bem como das tácticas militares usadas, veja-se J. S. Morrison, J. Rougé, *La marine dans l' Antiquité* (Paris 1975) 93-99; J. F. Coates, *The Athenian trireme. The history and reconstruction of an ancient Greek warship* (Cambridge 1986).

86. 1. Esta é a versão que os Atenienses dão dos factos; porém os Eginetas afirmam que eles não chegaram apenas numa embarcação (pois, se fosse uma ou até um pouco mais do que uma, ou mesmo se, por acaso, não tivessem barcos, teria sido fácil rechaçá-los). Tinham, pelo contrário, invadido o seu território com uma frota numerosa, ao passo que eles, pela sua parte, deixaram-nos passar e não travaram combate no mar. Todavia não sabem explicar claramente o seguinte: 2. se foi por reconhecerem a sua inferioridade em matéria de combate naval que evitaram defrontá-los ou se foi porque desejavam fazer o que de facto fizeram [244]. Pois bem, os Eginetas contam que os 3. Atenienses, visto que ninguém lhes fazia frente, desembarcaram dos navios e dirigiram-se às imagens. Porém, perante a impossibilidade de as arrancar dos pedestais, amarraram-lhes cordas e arrastaram-nas. Procederam de igual forma com as duas estátuas. E contam ainda factos a meu ver incríveis, mas para outros não: que as deusas caíram de joelhos e que, desde essa data, ficaram nessa posição [245]. Que os 4. Atenienses agiram desta maneira é o que contam os Eginetas. Informados de que os Atenienses tencionavam atacá-los, acrescentam que aprontaram uma aliança com os Argivos. Assim, quando os Atenienses desembarcaram em Egina, os Argivos vieram trazer-lhes o seu apoio militar – tendo feito a ocultas a travessia de Epidauro até à ilha. Apanharam os Atenienses desprevenidos, cortando-lhes a retirada de barco e foi nessa altura que sentiram o trovão e o terramoto.

87. 1. A versão dos Argivos e dos Eginetas é esta e com ela concordam os Atenienses no que se refere ao facto de um único sobrevivente dos seus homens ter regressado à Ática. Ressalve-se que os Argivos 2. contam que aquele sobreviveu à destruição que eles próprios infligiram ao exército ático, ao passo que os Atenienses atribuem à mão

---

[244] Ou seja, porque já tinham planeado um ataque conjunto com os Argivos, como se explicita de seguida.

[245] Este episódio, em cuja veracidade Heródoto não acredita, constitui uma lenda etiológica, isto é, encerra a explicação para a posição, encontrada em estatuária do período arcaico, de figuras ajoelhadas. Embora os comentadores não sejam unânimes na interpretação a dar à posição em apreço, parece-nos bastante plausível considerá-la uma evocação do parto. Estar de cócoras facilitava o acto de dar à luz, representação perfeitamente adequada a divindades ligadas à fertilidade. No *Hino homérico a Apolo* (vv. 116 sq.) diz-se que Leto se encontrava acocorada quando nasceram Apolo e Ártemis. Também Pausânias (8. 48, 7) atesta a mesma posição para uma divindade de Tégea, ligada à fertilidade, Auge, cujo nome é da mesma família que Auséxia.

3.   divina semelhante desaire. Aliás, defendem mesmo que não houve um único sobrevivente, pois contam que morreu do modo que se segue. De regresso a Atenas, o indivíduo anunciou o desastre sofrido. Mas as esposas dos soldados que tinham combatido contra Egina, perante a notícia do sucedido, considerando indigno que apenas ele, de todo o batalhão, se tivesse salvado, cercaram-no e, enquanto lhe espetavam o corpo com as fíbulas com que prendiam os mantos, perguntavam, cada uma por sua vez, onde estava o seu marido. E foi assim que ele morreu. Porém até aos Atenienses esta acção das mulheres pareceu um acontecimento mais funesto do que o desastre de Egina ([246]). Como não tinham outra maneira de puni-las, mudaram-lhes o traje para o típico da Iónia ([247]). De facto, anteriormente, as mulheres atenienses vestiam um traje dórico, bastante semelhante ao de Corinto ([248]). Então passaram a usar uma túnica de linho, para não recorrerem às fíbulas.

88. 1.   Porém é preciso fazer jus à verdade: essa veste originariamente não era iónica, mas cária, pois o antigo traje grego feminino era o mesmo em toda a parte, aquele a que hoje chamamos dórico ([249]).
2.   Na sequência do anterior episódio, os Argivos e os Eginetas estabeleceram as seguintes regras: que nas suas terras se fizessem as fíbulas uma vez e meia maiores do que era então o tamanho normal; que as

---

([246]) Devemos aproximar deste acto de linchamento outros dois episódios das *Histórias*, também perpetrados por mulheres e objecto de condenação. Em 6. 138, 4 Heródoto recorda que o hábito de chamar 'lémnios' a todos os actos celerados resultava de as mulheres da ilha de Lemnos terem massacrado os maridos na sequência de uma maldição enviada por Afrodite. Acrescente-se que também Ésquilo (*Coéforas*, 631) reconhecia esse acto como o mais abominável. Já para o final das *Histórias* (9. 5, 3), cabe às mulheres de Atenas, no rescaldo da batalha de Salamina, matar com as próprias mãos a família de Lícidas, um membro do conselho tido por cobarde ou pró-persa.

([247]) A túnica (*chiton*) iónica era feita de linho, tinha mangas e era cosida de ambos os lados, dispensando o uso de qualquer pregadeira com a finalidade de a prender.

([248]) O traje dórico era mais antigo do que o iónico, importado da Ásia Menor, *i. e.*, da Iónia. A túnica, de lã e sem mangas, era cosida apenas de um lado, deixando a descoberto uma das pernas e necessitando de ser presa sobre o ombro com uma fíbula. Sobre o traje feminino grego, vide: L. Llewellyn-Jones, *Women's dress in the Ancient Greek world* (London 2002).

([249]) O autor faz dois esclarecimentos de ordem cronológica: a veste dórica foi a primeira a ser adoptada na Ática, acabando por ser substituída pelo traje importado da Iónia (processo gradual ao longo do século VI); por seu lado o traje genericamente designado 'iónico' é originário de um dos povos dessa região, os Cários (não esquecer que Heródoto refere em 1. 146, 2 que os Iónios que foram colonizar a costa da Ásia Menor não levaram consigo esposas e tomaram-nas aos Cários).

mulheres consagrassem sobretudo esses objectos às suas deusas([250]), que não levassem para o santuário nada que fosse originário da Ática, nem mesmo uma peça cerâmica; e que, daí para o futuro, fosse obrigatório beber por canecas produzidas na região([251]). Desde então e até aos meus dias, as mulheres de Argos e de Egina, por raiva aos Atenienses, usam fíbulas maiores do que as que tinham antes.

3.

O início da inimizade dos Atenienses contra os Eginetas foi como reza a tradição. Pois bem, quando os Tebanos lhes solicitaram apoio militar, os de Egina, lembrando-se do episódio das estátuas, acorreram diligentes em auxílio dessas gentes da região beócia([252]). Os Eginetas arrasavam as zonas costeiras da Ática e, quando os Atenienses preparavam uma expedição para lhes fazer frente, chegou de Delfos um oráculo: que esperassem trinta anos e que, depois de oferecerem um santuário a Éaco([253]), no trigésimo primeiro ano após a ofensa cometida por Egina, começassem a guerra contra eles; só então conseguiriam realizar os seus desejos; porém, se dessem imediatamente início aos confrontos, muitos seriam os reveses que sobre eles se iriam abater nesse espaço de tempo, muitos também os que causariam, embora, no final, submetessem os inimigos([254]). Depois de ouvirem a previsão do oráculo, os Atenienses consagraram a Éaco o santuário que hoje se encontra na praça pública([255]), mas não

89. 1.

2.

3.

([250]) Segundo Schrader (n. 411), o historiador estaria a referir-se a Hera (em Argos) e a Afea ou Dâmia e Auxésia (em Egina).

([251]) A alusão à dedicatória de fíbulas deve ser entendida como a prática ritual segundo a qual as mulheres tinham de entregar às deusas adornos ou objectos por si feitos, antes de casarem (cf. Heródoto 4. 34, 1; Pausânias 1. 43, 4) ou depois de darem à luz.

([252]) Heródoto retoma a narração no ponto em que a interrompeu no capítulo 81, ou seja, volta-se ao ano de 505.

([253]) Tendo em vista alcançar a vitória sobre os Eginetas, os Atenienses devem propiciar a divindade tutelar dos adversários, Éaco (cf. *supra*, n. 233).

([254]) Considerando que a rendição definitiva de Egina teve lugar em 457, se somarmos os 30 anos referidos neste oráculo *ex eventu*, chegamos à conclusão de que o historiador comete um erro de cálculo, pois o ano em que situa a previsão é 505 e não 488 (como seria de esperar). Por outro lado, como sublinha Nenci (p. 284), tornar mais dilatado o período que mediou entre o oráculo e o termo dos conflitos serviria aos Atenienses como justificação para, na sua cidade, se ter verificado por tanto tempo o culto a um herói de uma potência rival.

([255]) O santuário que Heródoto refere pode não corresponder ao primitivo, que deverá ter sido destruído durante a invasão dos Persas (em 480), mas ser uma reconstrução posterior. No entanto, caso o recinto não possuísse um edifício incluso (tipo templo), não teria despertado o ataque destruidor do inimigo e o historiador estaria, de facto, a identificar o *témenos* original.

esperaram os trinta anos que lhes tinham anunciado que deviam esperar para se vingarem das ofensas cometidas pelos Eginetas.

90. 1. Uma manobra executada pelos Lacedemónios veio barrar a vingança que estavam a planear ([256]). É que aqueles, informados do modo como os Alcmeónidas tinham manipulado a Pítia e como esta os tinha prejudicado a eles e aos Pisistrátidas ([257]), sentiram-se duplamente prejudicados. De facto, não só tinham expulso da sua terra pessoas a quem estavam ligados pelos laços da hospitalidade, como também não tinham recebido da parte dos Atenienses nenhuma mostra
2. de gratidão por semelhante acto. Os oráculos ainda lhes atiçavam mais o ânimo contra os Atenienses, ao anunciarem as ofensas numerosas que lhes adviriam deles – essas ofensas, que inicialmente ignoravam, ficaram a conhecê-las quando Cleómenes as revelou. Foi na acrópole de Atenas que o rei obteve os oráculos que primeiro tinham pertencido aos Pisistrátidas ([258]). Estes, porém, deixaram-nos no templo ([259]), quando foram exilados, e Cleómenes apoderou-se desse espólio.

91. 1. Quando os Lacedemónios se viram na posse dos oráculos e perceberam que o poderio dos Atenienses crescia, mas que estes não estavam dispostos a sujeitar-se aos seus desígnios, e compreendendo que as gentes da Ática, se tivessem um estado livre, conseguiriam equiparar-se a si, mas que, sob o jugo da tirania, seriam débeis e submissos, ponderados cada um destes factores, os Espartanos mandaram chamar do Sigeu, no Helesponto (lugar para onde se tinham
2. refugiado os Pisistrátidas), Hípias, filho de Pisístrato ([260]). Depois da chegada de Hípias, os Espartanos convocaram à sua presença mensageiros das restantes cidades aliadas e transmitiram-lhes a seguinte mensagem([261]): 'Irmãos de armas, nós reconhecemos não ter agido

---

([256]) Embora a manobra que Heródoto vai contar de seguida seja a tentativa para colocar Hípias novamente à frente dos destinos de Atenas, a verdadeira razão pela qual esta se refreou de atacar Egina foi a inferioridade da sua armada face à da rival.

([257]) Cf. *supra*, capítulos 62-63.

([258]) Os oráculos em questão não são profecias emitidas pela Pítia em resposta a determinadas perguntas, mas sim uma colectânea de oráculos, equivalente ao que, mais tarde em Roma, viriam a ser os *libri fatales*.

([259]) Refere-se ao templo de Atena Políade, o Erectéion, onde Cílon tinha buscado asilo e Cleómenes entrara indevidamente (*supra*, capítulos 71 e 72).

([260]) Cf. *supra*, cap. 65, 3. Esparta desejava chamar Atenas à Simaquia ou Liga do Peloponeso, cuja liderança exercia. A via para alcançar esse objectivo consistia em colocar no poder um homem das suas relações, o tirano Hípias.

([261]) Como nota Schrader (n. 426), este é o testemunho mais antigo de uma reunião da Liga do Peloponeso.

130

correctamente! Apanhados nas malhas de falsos oráculos, expulsámos da sua pátria homens que eram nossos hóspedes e que, pior ainda, nos tinham prometido o controle de Atenas! E mais: após esta loucura, entregámos a cidade à ingratidão popular, uma vez que, embora o povo seja livre graças à nossa intervenção, se deixou dominar pela soberba. Destratando-nos de forma vergonhosa, Atenas investiu contra nós e contra o nosso rei. Senhora de si, cresce em poder, conforme já se aperceberam sobretudo os vizinhos, os Beócios e os Calcidenses ([262]), e em breve perceberá mesmo quem não estiver atento. Fracassámos na nossa estratégia. Tentemos agora, com o vosso apoio, remediar a situação! Eis a razão pela qual convocámos Hípias, que aqui vedes, e vos mandámos vir das vossas cidades: para, a uma só voz e com um exército comum, o levarmos até Atenas e lhe devolvermos aquilo que lhe tirámos'.

3.

Assim falaram os Espartanos, mas a maioria dos aliados não aceitava a proposta feita. Enquanto os outros permaneciam calados, Socles de Corinto fez a seguinte intervenção: 'Por certo o céu passará a estar debaixo da terra, a terra elevar-se-á acima do céu, os homens viverão no mar e os peixes onde antes viviam os homens ([263]), no dia em que vocês, Lacedemónios, destituído o regime da igualdade ([264]), prepararem a instauração da tirania nas cidades – pois nenhuma das realizações humanas é mais injusta e sanguinária do que este regime ([265]). Pois bem, se um modelo de governação deste tipo – em que são os tiranos que governam as cidades – vos parece cheio de virtudes, instalem primeiro um tirano na vossa terra e depois tentem impô-lo

92. 1.

α 1

([262]) Cf. *supra*, capítulo 77.

([263]) Recurso ao *adynaton*, figura de estilo que, ao referir situações impossíveis de se verificar, serve para traduzir a incredulidade de Socles face à atitude dos Espartanos.

([264]) Embora constitua um dos alicerces do regime democrático, a *isocracia* (cf. *supra*, n. 228) não deve ser aqui entendida nessa acepção plena de 'acesso igual para todos os cidadãos ao poder', pois Socles, bem como o seu auditório, vivia sob um governo aristocrático, de tipo oligárquico. Ou seja, a igualdade de que fala não se estende ao povo, mas abrange apenas uma parcela da população, os aristocratas.

([265]) O mesmo tipo de condenação vem expresso pela boca de Otanes, um dos conjurados responsáveis pela subida de Dario ao trono da Pérsia (cf. 3. 80, 2-6). Ressalve-se, no entanto, que nessa ocasião os ataques são dirigidos à monarquia, quando esta assume a faceta de governo tirânico. Sobre a posição de Heródoto em relação à tirania, vide: A. Ferrill, "Herodotus on Tyranny", *Historia* 27. 3 (1978) 385-398.

aos outros! Mas, por ora, quando ainda não experimentaram esse regime e querem guardar Esparta das mais terríveis penas, é os aliados que vocês prejudicam([266])! Porém, se tivessem, como nós, a experiência de viver sob tal regime, saberiam, sobre esta matéria, emitir opiniões mais sensatas do que as presentes.

β 1. Os Coríntios, na verdade, tinham como regime político uma oligarquia, e aqueles que governavam a cidade, os Baquíadas, transmitiam o poder de pais para filhos e casavam entre si([267]). No entanto Anfíon, membro desse clã, teve uma filha coxa, a quem deram o nome de Labda([268]). Como nenhum dos Baquíadas desejava casar com ela, foi Eécion, filho de Equécrates, natural do demo de Petra (embora
2. descendesse dos Lápitas e de Ceneu) quem a desposou([269]). Sucedeu,

---

([266]) Não esquecer que, como posteriormente sublinhará Tucídides (1. 18), os Espartanos não só nunca conheceram a tirania dentro das suas fronteiras, como teriam tomado parte activa na sua erradicação de outras cidades, entre as quais Atenas.

([267]) O passo referente à figura de Cípselo (92 β-ε), tirano descendente por via materna dos Baquíades, clã governante dos destinos de Corinto, foi por nós discutido em pormenor e acompanhado da bibliografia essencial em Soares: 2003, 333-347.

O patronímico Baquíadas remonta ao fundador do clã, Báquis. Quanto à tradição da endogamia no seio de famílias aristocráticas, esta visava manter a integridade do clã. Sobre este assunto e a transmissão do direito sucessório por via materna, cf. L. Gernet, *Droit et société dans la Grèce ancienne* (Paris 1955) 131-133.

([268]) O nome do avô materno do futuro tirano de Corinto é o mesmo de um rei mítico de Tebas, Anfíon. Esta homonímia não nos parece fortuita, na medida em que podemos encontrar um denominador comum entre a história de Cípselo, neto de Anfíon, e o rei tebano, filho de Zeus e Antíope. Assim como este, depois de ter sido exposto à nascença, acaba por vingar-se do seu carrasco e tomar o poder, também o bebé de Labda sofre a ameaça de ser morto, por forma a impedir a sua futura ascensão ao poder. Ou seja, Cípselo partilha com o homónimo tebano do avô o destino de infante predestinado a reinar, vencendo todas as adversidades que se lhe levantam.

A mãe de Cípselo, por sua vez, possui um nome falante, alusivo à deficiência física de que é portadora, uma vez que em grego *labda* significa 'coxa'. Na opinião de Oost (1972, p. 23), atribuir ao fundador do clã a mesma deficiência que a Labda era uma invenção, destinada a legitimar o direito do filho desta ao poder, pois Labda, por ser coxa como Báquis, possuía um *signum regalitatis*.

([269]) Identificar Petra, ao que tudo indica uma localidade situada numa zona rochosa (a sul de Corinto), como um demo significa que Heródoto aplica terminologia político-administrativa ateniense a uma realidade que não a possuía. Podemos, no entanto, considerar que o termo *demo* está a ser empregue com o sentido que tinha na linguagem homérica, 'terra'(como faz Nenci, a propósito da ocorrência em 92 γ 1).

Os Lápitas, antigo povo da Tessália, pertencem em simultâneo à história e à mitologia. O seu nome deriva de Lápita, filho de Apolo e de uma filha de Peneu, o deus-rio da Tessália. Quanto a Ceneu, membro da família dos Lápitas, era filho de Élato

contudo, que nem esta mulher nem nenhuma outra lhe dava filhos. Ao ver-se estéril, Eécion foi a Delfos para obter esclarecimentos sobre a sua descendência. À consulta que fez a Pítia prontamente respondeu com os seguintes versos([270]): "Eécion, ninguém te honra, a ti digno da maior veneração! Labda está grávida, mas vai dar à luz um bloco de pedra, que se há-de precipitar sobre os homens que governam sozinhos e castigará Corinto". Este oráculo, fornecido a Eécion, fosse como fosse, chegou aos ouvidos dos Baquíadas, que não haviam compreendido o oráculo que antes deste chegara a Corinto, com uma mensagem idêntica à do de Eécion, a saber: "Uma águia concebe entre as pedras, mas há-de dar à luz um leão vigoroso e voraz([271]); ele que vai quebrar os joelhos a muita gente. Reflecti agora com atenção sobre este episódio, Coríntios, vós que habitais em torno da bela Pirene([272]) e da altiva Corinto".

3.

Ora o primeiro oráculo dos Baquíadas permanecia então por decifrar. Mas, quando tomaram conhecimento do de Eécion, imediatamente o correlacionaram com aquele, devido às semelhanças que com ele apresentava. Não obstante terem compreendido o sentido do oráculo, mantiveram-se calados, na esperança de matar o filho que

γ 1.

---

e participou na luta contra os Centauros. Estes seres monstruosos, meio homens meio cavalos, foram convidados para as bodas dos seus parentes, Hipodamia e o Lápita Pirítoo. No entanto, durante o festim os convivas, sob o efeito do álcool, tentaram violar a noiva e raptar as restantes convidadas. O episódio resultou num massacre memorável, com baixas de ambos os lados e a vitória dos Lápitas. Tendo Pirítoo contado com a ajuda preciosa de um herói lendário de Atenas, Teseu, não é de estranhar que o combate entre Lápitas e Centauros tenha sido o motivo eleito por Fídias para decorar a métopa sul do Pártenon (cf. J. Boardman e D. Finn, *The Parthenon and its sculptures*, London 1985).

([270]) Todos os três oráculos de seguida citados servem para legitimar e glorificar o governo de Cípselo de Corinto. Nesse sentido, Oost (1972, p. 18) considera-os profecias *post eventum*, forjadas pelo próprio tirano ou por alguém a ele ligado.

([271]) Tal como sucede noutro passo das *Histórias*, a propósito de Péricles (6. 131, 2), e como sugere Plutarco, para Alexandre Magno (*Alexandre* 2. 4), a previsão do nascimento de um leão deve ser entendida como símbolo do aparecimento de uma figura política importante. Note-se que, tanto no Oriente como na Grécia (até ao final da civilização micénica), o leão constituía um símbolo do poder e da realeza. Também a águia tinha simbologia idêntica, entre os Iranianos e os Gregos.

([272]) Pirene é o nome dado a duas fontes famosas de Corinto, uma situada na cidade, mais propriamente na ágora, outra num rochedo com 564 m de altura, conhecido por Acrocorinto. Pirene vem referida por Píndaro (*Olímpica* 13, 161) e Pausânias (2. 3, 2).

    Eécion ia ter. Assim que a mulher deste deu à luz, os Baquíadas enviaram dez membros do seu clã ao demo em que vivia Eécion,
2. incumbidos da missão de aniquilar a criança. Chegados a Petra, entraram na casa de Eécion e perguntaram pelo menino. A mãe, ignorando a razão da visita e julgando o pedido motivado pela deferência que tinham para com o seu pai, foi buscá-lo e colocou-o nos braços de um deles. Mas estes, durante a viagem, tinham deliberado que o primeiro do grupo a pegar na criança a atiraria ao chão.
3. A verdade é que, depois de Labda ter trazido o filho e de o entregar ao visitante, a criança, por intervenção divina, sorriu ao homem que a tinha ao colo. Um sentimento de piedade apoderou-se daquele que tinha ordem para matá-la e ele, movido de compaixão, entregou-a a um segundo companheiro, este ao terceiro([273]). De modo que a criança foi passando pelas mãos dos dez, uma vez que ninguém queria
4. executar o serviço. Devolveram, então, a criança à mãe e saíram para a rua. Parados diante da porta, acusavam-se mutuamente e, de um modo especial, recriminavam aquele que primeiro segurara o bebé, porque não cumprira o combinado. Passado um bocado, tomaram a decisão de voltarem todos à casa e, em grupo, perpetrarem o homicídio.

δ 1. Mas o destino queria que a desgraça de Corinto brotasse da descendência de Eécion. De facto, Labda, encostada atrás da porta, ouviu tudo o que combinaram, e, com receio de que não mudassem de opinião e que, nesta segunda tentativa, matassem o menino, foi então escondê-lo no lugar que lhe pareceu ser mais inapropriado, no interior de uma colmeia ([274]) (pois sabia que, se aqueles indivíduos regressassem para uma nova busca, iriam vasculhar todos os lugares). E assim
2. foi. Como não encontraram nada do que procuravam, decidiram ir-se

---

  ([273]) Ao espírito do público ateniense, o quadro da hesitação dos carrascos em cumprir o infanticídio diante do sorriso da vítima evocava idêntico comportamento da Medeia euripidiana (*Medeia*, 1040-1045), ou vice-versa. Na verdade, sem se saber com exactidão a data de composição do livro 5º das *Histórias* e conhecendo que a representação da peça se deu em 431, é difícil estabelecer com qual dos quadros os Atenienses primeiro contactaram. Para uma breve reflexão comparativa entre os enredos do drama e do episódio herodotiano, cf. Nenci: 292 sq.

  ([274]) 'Colmeia' corresponde à tradução que demos à palavra *kypsele*. Deve-se a G. Roux esta interpretação ("ΚΥΨΕΛΗ. Où avait-on caché le petit Kypsélos (Hérodote V, 92, E)", *Revue des Études Anciennes* 65 (1963) 283-285). Escavações feitas nas proximidades do santuário do Istmo de Corinto revelaram colmeias de terracota, do tipo a que teria recorrido Labda para ocultar o filho.

134

embora e contar aos seus mandatários que tinham cumprido tudo o que lhes fora ordenado. E foi isso, efectivamente, o que disseram.

Ultrapassado este perigo, o filho de Eécion fez-se um homem. Por ter escapado ao risco de morrer graças a uma "cípsela" (^{275}) foi-lhe posto o nome de Cípselo. Era já um adulto feito quando, numa consulta em Delfos, lhe foi dado um oráculo de sentido ambíguo. Depositando nele a sua confiança, atacou e tomou Corinto. O oráculo rezava assim: "Afortunado este varão que entra na minha morada, Cípselo, filho de Eécion, rei da ilustre Corinto, ele e os seus filhos, mas já não os filhos dos seus filhos" (^{276}). O oráculo era realmente este. Mas vejamos o tipo de governante que foi Cípselo! A muitos Coríntios perseguiu-os, a outros tantos usurpou-lhes os bens e a uns quantos mais tirou-lhes a vida.

ε 1.

2.

Depois de ter governado durante trinta anos e de ter levado uma vida feliz, sucedeu-lhe à frente do regime tirânico o seu filho Periandro (^{277}). Embora de início fosse mais benevolente do que o pai, depois que se associou, por meio de mensageiros, a Trasibulo, tirano de Mileto, tornou-se muito mais sanguinário do que Cípselo (^{278}).

ζ 1.

2.

(^{275}) Vide nota precedente.

(^{276}) Conforme narrara anteriormente Heródoto (3. 50-53), os netos de Cípselo, Lícofron e Cípselo, não exerceram a tirania após a morte do pai, Periandro.

(^{277}) Os trinta anos de governação de Cípselo devem ter decorrido entre 655 e 625. Periandro, com um mandato mais longo e mais severo, terá estado no poder de 625 a 585 (cf. Aristóteles, *Política*, 5. 12, 3 = 1315b). Contrastando com esta faceta que poucas simpatias despertava entre os seus concidadãos, Periandro gozava de grande prestígio internacional. A sua reconhecida capacidade de discernimento mereceu-lhe um lugar entre os Sete Sábios (Diógenes Laércio, 1. 13, 41 sqq. e 94 sqq.). Essas qualidades explicam que tenha sido escolhido para arbitrar o diferendo entre Atenas e Mileto pela posse do Sigeu (conforme se verá *infra*, cap. 95). Uma das características dos regimes tirânicos na Grécia antiga era contribuírem para o desenvolvimento económico das suas cidades. Foi o que sucedeu durante o governo de Periandro, período em que: se procedeu à construção do *diolkos*, um canal que permitia que os barcos atravessassem o istmo, ligando o Golfo Sarónico (a sul) ao Golfo de Corinto (a norte); se assistiu ao incremento da produção cerâmica; se verificou o aumento do poderio da sua frota. Nas *Histórias* encontramos em outros dois livros referências ao tirano de Corinto (cf. 1. 23-24, 3. 48-53). Sobre a sua actuação, leia-se J. B. Salmon, *Wealthy Corinth* (Oxford 1984) 197-205 e 224-229.

(^{278}) Trasibulo, de quem Heródoto fala em 1. 20-23, é o primeiro tirano de Mileto de existência histórica atestada, embora Nicolau Damasceno refira como seus antecessores Anfitres e Epímenes (*FGrHist* 90 F 52-53). Provavelmente terá subido ao poder em finais do século VII, por ocasião da guerra contra os Lídios (cf. Aristóteles, *Política* 5. 5, 8).

3.
Na verdade enviou um arauto à presença de Trasibulo com a missão de se informar sobre qual a maneira mais segura de governar a cidade, depois de nela ter instituído o melhor dos regimes. Trasibulo conduziu para fora da cidade o enviado de Periandro e levou-o a um campo semeado. Ao mesmo tempo que atravessava a seara de trigo, perguntando e voltando a perguntar ao arauto por que razão viera ele de Corinto, cortava sempre as espigas mais altas. Cortava-as e deitava-as ao chão, por forma a destruir, desse modo, o que de mais belo e imponente tinha a seara. Percorreu o campo e, sem lhe dar conselho algum, dispensou o arauto. Quando o arauto regressou a Corinto, Periandro estava ansioso por conhecer as sugestões de Trasibulo. Mas o mensageiro comunicou-lhe que Trasibulo não apresentara qualquer conselho e que se admirava de ele o ter mandado visitar um indivíduo com tal feitio – um demente, que arrasava os próprios bens, conforme revelava aquilo que o vira fazer.

η 1. No entanto Periandro, porque percebera a actuação de Trasibulo e entendia que ele o aconselhava a matar os indivíduos mais distintos da sua cidade, daí em diante deu mostras de grande malvadez para com os cidadãos. De facto, ao matar e perseguir aqueles que Cípselo deixara em paz, Periandro concluiu a empresa do pai. Em um dia apenas, para homenagear a sua esposa Melissa, despojou das suas
2. roupas todas as mulheres de Corinto ([279]). Ora bem, ao marido, que mandara mensageiros consultarem o oráculo dos mortos (situado nas margens do rio Aqueronte, na terra dos Tesprotos ([280])) sobre um depósito de dinheiro que lhe fora confiado por um hóspede, a aparição de Melissa respondeu que nada revelaria nem denunciaria sobre o sítio em que ele se encontrava, pois estava nua e cheia de frio. Realmente de nada lhe serviam as vestes com que a sepultara, já que não tinham sido queimadas. A prova de que era verdade o que contava era que

---

([279]) Periandro era o autor do homicídio da própria esposa (cf. Heródoto 3. 50; Diógenes Laércio, 1. 4; Pausânias, 2. 28, 8).

([280]) O Aqueronte era um rio da região do Epiro, cujo curso apresentava umas partes pantanosas e outras subterrâneas e entrava numa larga garganta, considerada, pelo seu aspecto sinistro, um acesso aos Infernos. Por isso, instalou-se nesse local um *necromantéion*, isto é, um local sagrado de consulta dos mortos. Embora a prática da necromancia já venha referida em Homero (*Odisseia* 11, v. 25) e Ésquilo (*Persas*, 598-621) e Heródoto ateste ainda a sua prática oficial, progressivamente os rituais acabaram por transformar-se em simples bruxaria, isto é, por ficar à margem da lei das cidades. Tesprotos era o nome dado às populações situadas na zona sul do Epiro.

Periandro tinha colocado os pães em forno frio. Quando os mensageiros anunciaram a Periandro a resposta de Melissa (que lhe merecia total confiança, uma vez que se lhe unira, já ela era cadáver ([281])), imediatamente depois dessa revelação, o tirano ordenou que todas as mulheres de Corinto se dirigissem ao templo de Hera ([282]). Então elas arranjaram-se com os seus mais belos adereços, como se fossem para uma festa. Porém Periandro, que em segredo colocara guardas no local, fez com que todas, sem excepção – tanto as mulheres livres como as de condição servil – se despissem. Colocadas as vestes numa vala, queimou-as, ao mesmo tempo que dirigia uma prece a Melissa. Depois de cumprido este ritual, Periandro enviou uma segunda embaixada ao oráculo e o fantasma de Melissa revelou-lhe o lugar em que tinha enterrado o dinheiro que lhe confiara o hóspede. Aqui têm o perfil da tirania, Lacedemónios, e dos esquemas que a caracterizam. Nós, os Coríntios, ficámos desde logo profundamente espantados, quando vimos que vocês mandaram buscar Hípias. Agora, depois de vos contarmos esta história, ainda nos surpreendemos mais convosco. Em nome dos deuses gregos, suplicamo-vos que não instaurem a tirania nas cidades. Pois bem, vocês, ao contrário do que seria justo esperar, não suspendem a vinda de Hípias, antes insistem nela? Fiquem a saber que os Coríntios não concordam convosco.'

3.

4.

5.

Este foi o discurso de Socles, embaixador de Corinto. Hípias, por seu lado, invocando os mesmos deuses que ele, respondeu-lhe que seriam os Coríntios, mais do que todos os outros aliados, a chorar pelos Pisistrátidas, quando chegasse o dia de serem eles o alvo dos Atenienses ([283]). Tal foi a resposta de Hípias, ele que era, de entre todos

93. 1.

2.

([281]) A necrofilia vem uma outra vez referida por Heródoto, a propósito dos embalsamadores egípcios (cf. 2. 89).

([282]) Segundo Pausânias, o templo situava-se a oeste da cidade, numa elevação que ficava entre esta e Acrocorinto (2. 4, 7).

([283]) A rivalidade entre Corinto e Atenas, ambas potências comerciais e marítimas concorrenciais durante o século V, tornou-se visível pelos conflitos que antes e durante a Guerra do Peloponeso (431-404) dilaceraram as cidades gregas. Não esquecer que no decurso da assembleia da Simaquia do Peloponeso (432), destinada a ouvir as queixas dos membros contra as trangressões feitas por Atenas ao acordo conhecido por Paz dos Trinta Anos, Corinto manifestou o seu profundo desagrado pela forma como a rival interferia nas suas relações com duas das suas colónias, Corcira e Potideia. Não obstante esta conhecida rivalidade entre Corinto e Atenas, Heródoto coloca Socles a proferir um discurso filoateniense, facto que, como nota Nenci (p. 299), revela o espírito isento e o anticonformismo político do historiador. Sobre as relações entre

os homens, quem conhecia com maior precisão os oráculos. Os restantes aliados que até aí se tinham mantido calados, depois de ouvirem Socles falar de forma aberta e livre, tomaram um de cada vez da palavra para apoiar a posição do Coríntio e exortaram os Lacedemónios a não alterar em nada a constituição de uma cidade grega.

94. 1. Suspendeu-se, assim, esta operação. Amintas da Macedónia, porém, ofereceu a Hípias, por ocasião da sua retirada, Antemunte, e os Tessálios Iolco([284]). Ele, no entanto, não aceitou nenhuma das cidades, antes regressou a Sigeu, que fora tomado, pela força, aos Mitileneus por Pisístrato([285]). Depois de conquistar a cidade, Pisístrato fizera tirano dela um seu filho bastardo, Hegesístrato, fruto de uma relação com uma mulher argiva([286]), o qual, se bem que recorrendo às armas,
2. preservava a herança recebida do pai. Com efeito Mitileneus e Atenienses, por um longo período de tempo, digladiaram-se, uns a partir da cidade de Aquileu, outros do Sigeu([287]). Os primeiros reclamavam a posse da terra; os Atenienses, pelo contrário, não reconheciam a sua pretensão e demonstravam, com os seus argumentos, que aos Eólios não assistiam mais direitos sobre a região de Ílion do que a eles próprios e aos restantes Gregos que tinham auxiliado Menelau a vingar o rapto de Helena([288]).

95. 1. Durante as batalhas que travaram as duas cidades, tiveram lugar episódios de natureza bem diversa. Em determinada ocasião, num

---

Corinto e Atenas, vide G. Sainte Croix, *The origins of the Peloponesian war* (London 1972) 211-224. Para uma visão dos aspectos essenciais da Guerra do Peloponeso, cf. Ph. de Souza, *The Peloponesian war 431-404 BC* (Oxford 2002).

([284]) Antemunte localizava-se na Calcídica, região limítrofe entre a Macedónia e a Trácia. Iolco, cidade da Tessália, situava-se nas margens do Golfo de Págasas, não muito longe de Tebas.

([285]) Graças à sua localização, próxima da entrada para o Bósforo, Sigeu tinha uma enorme importância estratégica para os Atenienses, uma vez que essa era a via de aprovisionamento do trigo vindo do Mar Negro. Pisístrato terá reconquistado essa colónia ateniense aos Mitileneus à volta de 545-540 (cf. Schrader: n. 472).

([286]) Segundo Viviers 1987, essa Argiva poderia ser Timonassa, filha de Gorgilo e ex-mulher de Arquino da Ambrácia.

([287]) Aquileu distava cerca de 5 km de Sigeu e deve o seu nome à crença de que aí estava o túmulo de Aquiles. Acrescente-se que a rivalidade entre Atenas e Mitilene estava na ordem do dia, pois, segundo Tucídides (3. 50, 3), em 427 aquela havia tomado aos adversários algumas das suas colónias.

([288]) Mitilene ficava na região grega denominada Eólia, daí os seus habitantes serem eólios. Já na abertura da sua obra Heródoto evocara como causa primeira da guerra entre Gregos e Bárbaros o rapto de Helena de Tróia (cf. 1. 3).

138

confronto em que os Atenienses venceram, até o poeta Alceu se pôs em fuga. Mas os Atenienses apoderaram-se das suas armas e penduraram-nas na parede do templo de Atena no Sigeu. Esta peripécia incluiu-a Alceu num poema, que enviou para Mitilene, a dar conta do seu desaire a Melanipo, um amigo seu ([289]). Quanto aos Mitileneus e aos Atenienses, foi Periandro, filho de Cípselo, quem operou a reconciliação entre ambas as partes ([290]). Efectivamente os beligerantes confiaram-lhe a arbitragem do diferendo. A maneira como obteve a paz foi a seguinte: cada um ficar com a parte que controlava. E, realmente, foi assim que o Sigeu ficou para os Atenienses.

2.

Só que Hípias, depois que chegou à Ásia recambiado de Esparta, moveu céus e terra para denegrir os Atenienses aos olhos de Artafernes, actuação esta que visava colocar Atenas sob o seu poder e o de Dario. Esta era a estratégia de Hípias. Os Atenienses, informados dela, enviaram mensageiros a Sardes, com a missão de impedir que os Persas se deixassem convencer pelos exilados de Atenas. Todavia Artafernes mandou dizer-lhes que, se queriam manter-se sãos e salvos, recebessem Hípias de volta. É claro que os Atenienses não acataram o ultimato. Não obstante, compreenderam que, não aceitando as condições impostas, se tornavam inimigos declarados dos Persas.

96. 1.

2.

Foi num clima destes – de pensamento hostil e aversão aos Persas – que Aristágoras de Mileto chegou a Atenas, expulso de Esparta pela mão do lacedemónio Cleómenes ([291]). Realmente Atenas era a mais poderosa das cidades gregas. Apresentando-se diante do povo, Aristágoras disse o mesmo que em Esparta, a propósito das riquezas da Ásia e da técnica de combate persa. Ou seja, seria fácil subjugar indivíduos que não tinham o hábito de usar escudo nem lança ([292]). Ainda acrescentou, diante dessa assembleia, o seguinte: que

97. 1.

2.

([289]) Alceu e Safo de Lesbos são os principais representantes da poesia lírica grega da Eólia. Do poema referido apenas se conservaram alguns versos fragmentários (frg. 7 Lobel-Page, vv. 17-20).

([290]) Encontramos a mesma referência à arbitragem de Periandro em outras fontes antigas: Aristóteles, *Retórica* 1. 15, 29-31; Estrabão, 13. 1, 38; Diógenes Laércio, 1. 74.

([291]) Heródoto retoma o curso da narração, suspenso no capítulo 55 com a digressão sobre a história de Atenas. A acção situa-se agora na primavera do ano 498 (Nenci: 303). A hostilidade dos Atenienses para com os Persas derivava directamente do ultimato que lhes fora colocado por Dario, de receber de novo Hípias.

([292]) Este mesmo argumento fora evocado, sem efeito, diante de Cleómenes (vide *supra*, cap. 49, 3-4).

139

os Milésios eram colonos atenienses e que seria de esperar que eles, na qualidade de grande potência que eram, viessem em seu socorro. Atendendo à grande necessidade que tinha de apoio, nada houve que não prometesse, até conseguir convencê-los. Em suma: parece mais fácil enganar uma multidão de pessoas do que uma só, se considerarmos que não foi possível a Aristágoras ludibriar Cleómenes, um único
3. Lacedemónio, mas fê-lo a trinta mil Atenienses [293]. Ora bem, convencido o povo, procederam à votação do envio de vinte navios de apoio aos Iónios [294], tendo designado como comandante Melântio, indivíduo digno dos maiores louvores da parte dos seus concidadãos. Esses navios foram o gérmen da desgraça tanto dos Gregos como dos Bárbaros.

98. 1. Aristágoras toma com o seu barco a dianteira da viagem e, chegado a Mileto, congemina um plano do qual nenhuma vantagem adviria aos Iónios (realmente não era essa a razão do seu agir, mas sim uma maneira de prejudicar o rei Dario). Enviou um indivíduo à região da Frígia, à presença dos Peónios, originários da zona do rio Estrímon e que, tendo sido feitos prisioneiros de guerra por Megabazo, habitavam uma zona rural e uma aldeia da Frígia, que governavam de forma autónoma [295]. Depois de se encontrar entre os Peónios, o mensageiro
2. proferiu estas palavras: 'Varões da Peónia, Aristágoras, tirano de Mileto, mandou-me oferecer-vos a liberdade, caso aceitem obedecer-lhe. Neste momento, a Iónia em peso revolta-se contra o rei e vocês têm a oportunidade de regressar sãos e salvos à vossa terra! Chegarem à costa, fica por vossa conta e risco. Quanto ao resto, já seremos nós

---

[293] A cifra avançada por Heródoto, de trinta mil cidadãos, não deve corresponder ao total de presenças na Assembleia – cujo *quorum* era de seis mil, sendo que habitualmente não ultrapassava os cinco mil (Tucídides, 8. 72). Indica, antes, o número aproximado de cidadãos atenienses que existia na altura.

[294] Só depois da renovação e alargamento da frota propostos por Temístocles, Atenas se tornou uma potência naval, com a sua frota de duzentos navios. Aliás o impulso para este reforço estratégico-militar decorreu da necessidade de fazer frente a concorrentes comerciais internos (em particular Egina, mas também Corinto) e não a uma ameaça bárbara. Sobre a situação da frota ateniense antes e depois da execução dos projectos de Temístocles, vide: C. J. Haas, "Athenian naval power before Themistocles", *Historia* 34. 1 (1985) 29-46; J. Wolski, "Thémistocle, la construction de la flotte athénienne et la situation internationale en Méditerranée", *Rivista Storica dell'Antichità* 13-14 (1983-1984) 179-192.

[295] Sobre os Peónios e sua expulsão da Trácia para a Ásia por Megabazo cf. *supra* capítulos 14-15 e respectivas notas.

a resolvê-lo.' Ao ouvir esta proposta, os Peónios regozijaram-se e, pegando nos filhos e nas mulheres, debandaram em direcção ao mar. Porém, alguns deles, apavorados com a situação, deixaram-se ficar onde estavam. Depois de alcançarem a costa, os Peónios dali atravessaram para Quios. Encontravam-se já na ilha, quando um numeroso contingente de cavalaria persa surgiu no seu encalço. Mas, como não conseguiram capturar os fugitivos, enviaram mensageiros a Quios anunciar aos Peónios que voltassem para trás. Estes, no entanto, não fizeram caso das ordens dos Persas. Os habitantes de Quios levaram-nos da sua terra até Lesbos e os Lésbios acompanharam-nos até Dorisco ([296]). Daqui seguiram por terra até alcançarem a Peónia.

3.

4.

Aristágoras, por seu lado, quando chegaram os Atenienses com os seus vinte navios, acompanhados por mais cinco trirremes de Erétria, para lhe oferecerem apoio armado – os Erétrios não participavam no conflito por simpatia para com os Atenienses, mas para com os Milésios (com efeito estes tinham, num momento anterior, ajudado os Erétrios a suportar uma guerra contra os Calcidenses; na ocasião também os Sâmios vieram em socorro destes, pondo-se contra os Erétrios e os Milésios ([297])) – ora bem, quando estes de que falei chegaram e os restantes aliados compareceram, Aristágoras organizou uma expedição militar contra Sardes. No entanto não assumiu pessoalmente o comando, ficou antes em Mileto e nomeou outros para chefes das forças milésias (o seu irmão Caropino e um outro concidadão, Hermofanto).

99. 1.

2.

Os Iónios aportaram em Éfeso munidos do referido contingente, atracaram as embarcações em Coreso ([298]) de Éfeso e avançaram

100.

([296]) O Dorisco corresponde à região litoral da Trácia, a oeste da desembocadura do rio Hebro.

([297]) Alusão à guerra lelantina, travada entre duas cidades vizinhas da ilha de Eubeia, Cálcis e Erétria, pela disputa da planície situada entre ambas, a planície de Lelanto. Outras fontes antigas referem este mesmo acontecimento: Arquíloco, frg. 3 West; Teógnis, vv. 891 sqq.; Estrabão, 10. 1, 12 e 3, 6; Plutarco, *Septem sapientium conuiuium*, 153 F, *Quaetiones conuiuales*, 675 A, *Amatorius*, 760 C-761 B. O auxílio que agora os Eritrenses vêm prestar aos Atenienses pode ser visto como uma forma de solidariedade para com uma rival da sua região, pois em 500 a.C. Atenas havia derrotado Cálcis. Sobre as relações entre Atenas e Erétria vide: J. R. Green e R. K. Sinclair, "Athenians in Eretria", *Historia* 19. 5 (1970) 515-527. Para uma informação detalhada sobre a história de Samos, cuja primeira referência nas *Histórias* é esta, leia-se G. Shipley, *A history of Samos 800-188 B.C.* (Oxford 1987).

([298]) Praia a cerca de 7 km a sudoeste de Éfeso e que recebe o seu nome da colina em cujo sopé se situava.

sobre o território, apoiados num poderoso exército, mas tendo por guias habitantes locais. Na sua marcha acompanharam o curso do rio Caístrio e, depois de atravessado o Tmolo ([299]), chegaram ao destino. Tomam Sardes, sem que lhes tenham oferecido a mínima resistência – ou melhor: tomam toda a cidade à excepção da acrópole; esta foi Artafernes em pessoa quem a salvou, auxiliado por um modesto contingente de soldados.

101. 1.   Apesar de se terem apoderado da cidade, eis as circunstâncias que impediram que os soldados a saqueassem ([300]). Em Sardes, a maioria das casas era feita de cana, mas também havia umas quantas de tijolo, que tinham tecto de cana. Quando um dos soldados incendiou uma dessas habitações, imediatamente o fogo se propagou e
2. tomou conta de toda a cidade. Diante do deflagrar do incêndio, os Persas e os Lídios que se encontravam na cidade, cercados pelo fogo que tomara todo o perímetro urbano e inviabilizada qualquer via de fuga, precipitaram-se quer para a praça pública quer para as margens do rio Pactolo (o tal que, arrancando ao Tmolo pepitas de ouro, atravessa com a sua corrente o meio da ágora, para depois vir a desembocar no rio Hermo e este no mar) ([301]). Ora bem, reunidos nas margens do Pactolo e na ágora, Lídios e Persas vêem-se na contingência de
3. montar a sua defesa. Ao perceberem que uma parte dos inimigos oferecia resistência e outra avançava contra si com uma multidão imensa de efectivos, os Iónios, em pânico, retiraram em direcção ao monte chamado Tmolo, donde, a coberto da noite, escaparam para os seus navios.

102. 1.   Sardes foi completamente devorada pelas chamas e, com ela, um templo da deusa local Cíbele ([302]). Mais tarde, os Persas usaram

---

([299]) O Tmolo era um monte que separava os vales dos rios Caístrio e Hermo, com uma altitude de 2130 m.

([300]) A data destes acontecimentos situa-se na primavera-verão de 498.

([301]) Embora Heródoto fale de 'ágora', o termo aplicado à realidade da Lídia serve apenas para designar a praça dos artífices e o mercado. Quanto à riqueza aurífera do Tmolo, vem referida em 1. 93, 1 como uma das poucas maravilhas que a Lídia possuía.

([302]) Cíbele, deusa geralmente entendida como originária da Frígia e com um culto particularmente difundido em toda a Ásia Menor, patrona da fecundidade, tem suscitado opiniões divergentes entre os estudiosos das religiões antigas. Uma das tendências consiste em explicar a sua presença universal no mundo antigo (em particular entre Gregos, Romanos e povos asiáticos) remontando as manifestações primordiais do culto às conhecidas "Vénus" paleolíticas (cf. M. J. Vermaseren, *Cybele*

este episódio como pretexto para também eles lançarem fogo a templos gregos (³⁰³). Então os Persas cujas províncias ficavam para lá do rio Hális, assim que tiveram conhecimento do sucedido, uniram forças e foram socorrer os Lídios (³⁰⁴). Ora, quando descobriram que os Iónios já não estavam em Sardes, seguiram-lhes as pistas e alcançaram-nos em Éfeso. Ainda que tenham feito frente aos inimigos, os Iónios sofreram uma estrondosa derrota no combate travado. Os Persas causaram-lhes numerosas baixas, algumas de peso; entre estas, refira-se a morte de Evalcidas, comandante dos Erétrios, distinguido com a coroa da vitória nos concursos desportivos e largamente celebrado por Simónides de Céos (³⁰⁵). Quanto aos que fugiram do campo de batalha, dispersaram-se pelas cidades da região.

2.

3.

A batalha que então travaram realmente deu-se como vimos. Contudo, de seguida, os Atenienses abandonaram em definitivo a aliança com os Iónios e, não obstante os insistentes pedidos que Aristágoras lhes dirigia através de mensageiros, responderam que não contassem, no futuro, com o seu apoio (³⁰⁶). Os Iónios, apesar de privados da aliança com os Atenienses e considerando a forma como tinham iniciado as hostilidades contra Dario, não negligenciaram em nada os preparativos de uma guerra contra o rei. No decurso da viagem

103. 1.

2.

---

and Attis. The myth and the cult, London 1977, sobretudo o capítulo 1: "Cybele in Asia Minor and Greece", 13-37 e *Corpus cultus Cybelae Attidisque, vols. I-VI*, Leiden 1987-1989).

(³⁰³) Por mais três vezes o historiador repete a ideia de que foi para se vingarem desta impiedade dos Gregos que os Persas tomaram a iniciativa de atacar a Grécia (cf. 6. 101, 3; 7. 8 β 3-γ 1 e 7. 11, 2). Quanto aos templos gregos incendiados por Lídios e Persas, Heródoto menciona: templo e oráculo de Apolo em Dídima (6. 19, 3); santuário de Naxos (6. 96, 1); templos de Erétria (6. 101, 3); santuário de Apolo em Abas (8. 33); Acrópole de Atenas (8. 53, 2). Para uma análise desta temática, com bibliografia apropriada, leia-se: G. Firpo, "Impero universale e politica religiosa. Ancora sulle distruzioni dei templi greci ad opera dei Persiani", *Annali della Scuola Normale Superior di Pisa* 16. 2 (1986) 331-393.

(³⁰⁴) Sobre o rio Hális, cf. *supra*, n. 143. As províncias ou satrapias situadas entre o rio e o Mediterrâneo eram Dascílio (que reunia o Helesponto, a Frígia e a Capadócia) e Sardes (que incluía a Lídia, a Iónia, a Cária e a Panfília).

(³⁰⁵) Nome grande da lírica coral, mas também autor de epitáfios, o poeta da ilha de Céos viveu entre 556 e 467. O epinício, ou 'canto da vitória', agora referido, chegou-nos fragmentado e corresponde ao frg. 13 Page.

(³⁰⁶) Embora Heródoto não inclua neste abandono da aliança iónica os Eritrenses, cujas naus acompanhavam o contingente ateniense, é de supor que tenham seguido a atitude dos aliados do continente (Nenci: 312).

feita por mar em direcção ao Helesponto, os Iónios subjugaram Bizâncio e todas as outras cidades da região. Depois de terem zarpado do Helesponto, conseguiram que todo o território da Cária se tornasse seu aliado. Até mesmo a cidade de Cauno, que inicialmente não quisera juntar-se-lhes, perante o incêndio de Sardes uniu-se à aliança iónica ([307]).

104. 1. Os Cipriotas, por seu lado, todos, à excepção dos Amatúsios, aderiram entusiasticamente à aliança ([308]). A razão pela qual aqueles se revoltaram contra os Medos foi a seguinte. Onésilo – filho de Quérsis, neto de Siromo e bisneto de Eveltonte – era o irmão mais novo de
2. Gorgo, rei de Salamina ([309]). Ora, este sujeito já antes instigara repetidas vezes Gorgo a sublevar-se contra o suserano persa e, quando tomou conhecimento da revolta dos Iónios, pressionou-o ainda mais a agir. Porém, como não convencia o irmão, aguardou que ele saísse de Salamina e, auxiliado por uma força armada, fechou-lhe as portas da cidade. Gorgo, espoliado da sua cidade, refugiou-se junto dos Medos, ao passo que Onésilo se apoderou do governo de Salamina e persuadiu todos os Cipriotas a sublevarem-se. Na verdade ele convenceu-os a todos, sem contar com os Amatúsios, a cuja cidade lançou um cerco, por terem resistido aos seus argumentos.

105. 1. Enquanto Onésilo cercava Amatunte, foi anunciado ao rei Dario que Sardes, depois de tomada, fora incendiada pelos Atenienses e pelos Iónios e que o chefe da aliança, responsável por aquele plano, fora Aristágoras de Mileto. Conta-se que a primeira reacção do rei, ao

---

([307]) A Cária era uma região situada no sul da Ásia Menor. Abaixo desta ficava a cidade de Cauno, cuja população, embora usasse a mesma língua dos vizinhos, se distinguia deles pelos costumes (cf. 1. 172). Outras fontes antigas sobre os Cáunios são Tucídides (1. 116, 3) e Estrabão (14. 2, 3).

([308]) Amatunte era uma das *póleis* de Chipre, que, segundo Diodoro (16. 42, 3-4), existiam em número de nove. Todas elas tinham sido primeiro subjugadas pelos Egípcios (cf. 2. 182, 2) e posteriormente pelos Persas (cf. 3. 91, 1). Situada na parte sul da ilha, fica provavelmente a dever-se às origens fenícias da sua população a razão para não se ter rebelado contra os seus senhores, orientais como ela (Schrader: n. 518).

([309]) Salamina de Chipre situava-se na costa oriental da ilha. Ao contrário do que diz o historiador, Onésilo e Gorgo não seriam bisnetos de Eveltonte (rei, conforme se pode ler em 4. 162, 3), mas sim seus netos. Na verdade não há um intervalo de tempo suficiente entre o reinado deste (contemporâneo de Arcesilau III de Cirene, tirano entre 530-510) e o de Gorgo (estamos em 498 a.C.) para incluir duas gerações. A introdução de Siromo na genealogia dos reis de Salamina é, por conseguinte, tida como incorrecta. Na verdade Siromo foi soberano de Tiro, na Fenícia, entre 550-530 (Schrader: n. 517).

144

ser informado de semelhantes actos, foi de nada fazer contra os Iónios, pois sabia bem que não escapariam impunes daquela rebelião ([310]). No entanto, perante as informações recebidas, diz-se que pegou no arco, apontou uma flecha para o alto, em direcção ao céu e, lançando-a para os ares, exclamou: 'Zeus, deixa-me tirar vingança dos Atenienses!' ([311]) Feita esta prece, ordenou a um dos seus criados que, cada vez que lhe servisse uma refeição, lhe dissesse: 'Senhor, lembra-te dos Atenienses!'.   2.

Dada esta ordem, chamou à sua presença Histieu de Mileto – que fazia já muito tempo retinha na corte – e disse-lhe: 'Eu sei, Histieu, que o teu regente, o homem a quem confiaste a governação de Mileto, tem maquinado contra mim! Reuniu soldados oriundos do outro continente ([312]) e aliou-lhes os Iónios – a quem eu farei pagar pelo que me fazem. A estes convenceu-os a seguirem os seus aliados e quer tirar-me Sardes. Pois bem, parece-te correcto o que se está a passar? E como é que tudo isto pode acontecer sem o teu consentimento? Vê lá, não venhas tu a ser mais tarde implicado nesta trama'.   106. 1.

Ao que Histieu respondeu: 'Majestade, que palavras são essas que proferes? Que eu urdi contra ti uma qualquer acção, grande ou pequena, para te prejudicar? Como é que eu poderia ter feito isso? Com que propósito? O que é que me faz falta? Não só tudo o que te pertence está à minha disposição, como também tenho a honra de estar a par de todas as tuas decisões. No entanto, se por ventura o meu regente levou a cabo alguma das acções de que falaste, fica a saber que ele tem agido por conta própria. Eu, pela minha parte, não posso aceitar a ideia principal do teu discurso: que os Milésios e o meu homem de confiança tenham posto em prática qualquer atentado contra os teus interesses! Mas se eles realmente actuam desse modo e o que tens ouvido dizer for verdade, fica a saber que foste tu o responsável por semelhantes desenvolvimentos, quando me forçaste   3.

   4.

([310]) O menosprezo revelado por Dario pelo potencial dos Gregos surge nas *Histórias* como um verdadeiro *leitmotiv* da atitude dos soberanos persas face aos seus adversários (cf., a propósito de Ciro, 1. 153, 1-2 e, sobre Cambises, 2. 1, 2). Também os Citas revelavam idêntico juízo de valor sobre os Iónios em geral (cf. 4. 142).

([311]) Para os Gregos, a invocação de Zeus na boca de um soberano persa era entendida não à letra, mas como sinónima do seu correspondente na religião iraniana. Ou seja, a divindade em causa era Ahura Mazda, deus supremo e senhor do céu, tal como o seu homólogo grego.

([312]) Entenda-se a Europa, naturalmente.

5. ao exílio. Ao que parece, os Iónios, mal me apanharam fora de vista, fizeram o que há muito desejavam. Porém, se eu estivesse na Iónia, nenhuma cidade se teria revoltado. Autoriza, agora, a minha partida urgente para a Iónia, para que eu ponha a situação nos eixos e te entregue nas mãos o governador de Mileto, o autor de tamanha
6. conjura. Satisfeitos os teus desejos, juro em nome dos deuses da casa real que não despirei a túnica que levar vestida, quando desembarcar na Iónia, até tornar tua tributária a maior das ilhas, a Sardenha' ([313]).

107. Com este discurso Histieu de facto ludibriou Dario. O rei então, persuadido pelos seus argumentos, deixou-o partir, com a recomendação de regressar de novo a Susa, mal cumprisse as ordens que recebera.

108. 1. Na ocasião em que as notícias sobre os acontecimentos de Sardes chegavam ao rei e este executava a cena do arco e se deixava ir na conversa de Histieu, enquanto o próprio Histieu, com a permissão de Dario, se fazia ao mar, durante esse mesmo período de tempo, deram-se os factos que passarei a contar. Estava Onésilo de Salamina com o cerco montado à cidade dos Amatúsios, quando lhe chegou a mensagem de que o persa Artíbio se dirigia a Chipre, munido de uma
2. numerosa armada de guerra persa ([314]). Ao tomar conhecimento dessas manobras, Onésilo enviou arautos à Iónia, solicitando auxílio. Os Iónios, após uma discussão não muito demorada, acudiram com uma imponente expedição. Pois bem, os Iónios compareceram em Chipre e os Persas, atravessando de barco para a Sicília, chegaram a Salamina por terra. Já os Fenícios contornavam por mar o cabo a que dão o nome de "Chaves de Chipre" ([315]).

([313]) Jurar pelos deuses da casa real é uma tradição persa, empregue por Cambises em 3. 65, 6. Colocando-se na pele de um fiel súbdito do seu senhor bárbaro, Histieu revela na construção de todo o discurso ser um hábil diplomata. Quanto ao facto de a Sardenha vir referida como a maior das ilhas, estatuto que na realidade cabe à Sicília, esta informação não está errada, se o critério for a extensão da costa e não a superfície territorial.

([314]) A ilha de Chipre, pela sua localização, constituía um ponto estratégico do ponto de vista do controle económico dos territórios fronteiriços da Ásia Menor. Aos Persas permitia-lhes proteger as suas bases navais cilícias e sírio-fenícias. Aliás, ao longo do século V, os Gregos tentaram, por três vezes, retirar os Persas da ilha, como relata Tucídides. As expedições partiram tanto da iniciativa espartana (no ano de 478, cf. Tucídides, 1. 94), como da ateniense (nos anos de 459 e 449, cf. Tucídides, 1. 104 e 112).

([315]) Note-se as movimentações concertadas dos Persas e dos aliados fenícios para atacarem Salamina. Enquanto aqueles terão desembarcado na região norte da ilha

109. 1. Perante estes desenvolvimentos, os tiranos de Chipre convocaram os generais iónios para uma reunião e disseram-lhes: 'Iónios, nós os Cipriotas damo-vos a escolher com quem é que querem combater, se com os Persas ou com os Fenícios. Se desejarem enfrentar os Persas 2. em terra, convém que desembarquem e que tomem posição no campo de batalha, enquanto nós subimos para as vossas naus, a fim de defrontarmos os Fenícios. Mas, se preferirem medir forças com os Fenícios, impõe-se que vocês, qualquer que seja a estratégia que escolham, contribuam para tornar a Iónia e o Chipre livres'. Responderam-lhes 3. os Iónios nos seguintes termos: 'A liga dos Iónios([316]) enviou-nos com a missão de patrulhar o mar, e não para vos entregarmos os navios e defrontarmos os Persas em campo. Ficamos, pois, no lugar que nos foi designado. É aí que procuraremos dar mostra da nossa valentia! Quanto a vocês – recordados dos sofrimentos que padeceram na condição de escravos dos Medos – é chegada a hora de se revelarem guerreiros de excelência'.

110. Esta foi a resposta dos Iónios. Depois de os Persas terem chegado à planície de Salamina, os reis dos Cipriotas alinharam os seus compatriotas diante dos soldados inimigos, escolhendo enfrentar os Persas com a nata dos guerreiros salamínios e sólios([317]). Diante de Artíbio, o comandante dos Persas, colocou-se deliberadamente Onésilo.

111. 1. Artíbio montava um cavalo que aprendera a erguer-se nas duas patas traseiras diante de um hoplita. Sabendo disso, Onésilo, que tinha um escudeiro natural da Cária, um indivíduo bastante experiente em matéria militar e, além do mais, cheio de coragem([318]), recomendou-lhe:

(local que ficava mais perto da zona continental da Ásia Menor, na Cilícia), fazendo a aproximação do alvo pelo lado oriental, estes ficaram encarregados de avançar do lado leste, contornando o promontório em cujas imediações ficavam duas ilhotas a que Estrabão atribui precisamente o nome de "Chaves de Chipre" (cf. 14. 6, 2).

([316]) De perfil sobretudo religioso, a liga dos Iónios tinha a sua sede no santuário de Poséidon Helicónio, sito no Paniónio, isto é num território sagrado para todos os Iónios. O Paniónio ficava na costa asiática, no cabo Mícale e de frente para a ilha de Samos (cf. 1. 148). Heródoto dará conta de uma reunião, nesse lugar, dos delegados das cidades iónias para prepararem a defesa de Mileto contra o ataque dos Persas e seus aliados (cf. 6. 7). Sobre este assunto, vide G. Fogazza, "Per una storia della lega ionica", *La Parola del Passato* 150 (1973) 157-169.

([317]) Solos, situada na região nordeste de Chipre, e Salamina eram as maiores cidades da ilha e as mais helenizadas (Nenci: p. 318).

([318]) Tal como sucede com Dario, por ocasião da subida ao trono da Pérsia (3. 85), também Onésilo dispõe da ajuda preciosa de um astuto escudeiro para cumprir com sucesso o seu desígnio.

2. 'Estou informado de que o cavalo de Artíbio se empina e mata a coice e à dentada quem lhe fizer frente. Avalia de novo a situação e diz-me
3. qual dos dois vais procurar atingir, o cavalo ou Artíbio'. Ao que o servo respondeu: 'Majestade, eu estou pronto para fazer ambas as coisas, apenas uma delas, bem como tudo o que tu determinares! Não obstante, passarei a explicar o que a mim pessoalmente me parece ser
4. mais adequado à tua posição. Defendo que é dever de um rei e comandante defrontar outro rei e comandante (pois a verdade é que, se capturares um comandante, atingirás com isso grande fama e, quanto à segunda hipótese, se ele te abater a ti – oxalá isso não aconteça! – morrer às mãos de um par corresponde a meia infelicidade). Quanto a nós, os servos, devemos bater-nos com outros servos e enfrentar um cavalo – cujas artimanhas não mais deves recear! Prometo-te que nunca mais ele há-de fazer frente a um soldado!'

112. 1. Assim falou o escudeiro. Pouco depois, os exércitos envolveram-se em combate, tanto em terra como no mar. Ora bem, na batalha naval, durante esse dia foram os Iónios (entre os quais se destacaram os Sâmios) quem levou a melhor, batendo os Fenícios. Já em terra, assim que os exércitos se encontraram, teve lugar um
2. combate corpo a corpo. O encontro entre os dois generais deu-se do modo que passarei a narrar. Quando Artíbio, montado a cavalo, acometeu contra Onésilo, este, conforme tinha combinado com o escudeiro, atirou ao seu atacante. Porém, no momento em que o animal lançava as patas sobre o escudo de Onésilo, o Cário atingiu-o gravemente com a sua cimitarra nas pernas ([319]). Foi assim, pois, que Artíbio, comandante dos Persas, caiu por terra juntamente com a sua montada.

113. 1. Todavia, em pleno combate, Estesenor, tirano de Cúrio, passou-se para o inimigo, levando consigo um contingente militar significativo ([320]). Esses Cúrios dizem ser colonos oriundos de Argos ([321]).

([319]) De acordo com a descrição que faz do armamento de vários povos (7. 92 e 93), a cimitarra (uma espécie de sabre largo e curvo) era utilizada precisamente pelos Cários e também pelos Lícios.

([320]) Cúrio situava-se na costa sudoeste da ilha de Chipre.

([321]) Para além da informação etnográfica contida nesta ligação dos Cúrios aos Argivos, importa não esquecer que a sua sedição da causa grega se coaduna com o retrato negativo que de um modo geral as *Histórias* transmitem dos Argivos (vide 7. 158-152; 8. 72, 3 e 73, 3; 9. 12). Sobre esta matéria, leia-se B. M. Lavelle, "Herodotos on the Argives of Kourion", *Hermes* 112. 2 (1984) 249-252.

A acompanhar a sedição dos Cúrios, também os cavaleiros dos carros de guerra dos Salamínios seguiram o seu exemplo. Feitas estas manobras, os Persas ficaram mais fortes do que os Cipriotas. Então, quando o exército destes se pôs em fuga, muitas foram as baixas sofridas, entre elas a de Onésilo, filho de Quérsis e autor da rebelião dos Cipriotas, e a do rei dos Sólios, Aristócipro, filho de Filocipro (o mesmo Filocipro que Sólon de Atenas, quando foi a Chipre, elogiou nos seus versos mais do que qualquer outro tirano [322]). **2.**

Pois bem, os Amatúsios, atendendo a que Onésilo lhes cercara a cidade, cortaram-lhe a cabeça, levaram-na para Amatunte e suspenderam-na sobre a porta de entrada da cidade. Como a cabeça estava oca, um enxame de abelhas instalou-se no seu interior e encheu-a de mel. Quando isto sucedeu, os Amatúsios consultaram um oráculo a propósito desse fenómeno e foi-lhes anunciado que descessem a cabeça e lhe dessem sepultura; a partir daí sacrificassem todos os anos a Onésilo, como a um herói, na certeza de que grandes benefícios lhes adviriam do cumprimento de tais rituais [323]. **114. 1.**

2.

E os Amatúsios, até aos dias de hoje, têm cumprido os referidos rituais. Quanto aos Iónios que travavam batalha naval na região de Chipre, depois que souberam da derrota de Onésilo e que todas as cidades cipriotas estavam cercadas, à excepção de Salamina (porque os seus habitantes a tinham entregado a Gorgo [324], seu anterior monarca), mal tomaram conhecimento do sucedido, zarparam ime- **115. 1.**

---

[322] A fonte de Heródoto é o próprio Sólon, como se constata pelo frg. 7 Diehl (= frg. 28 West). Também Plutarco (*Sólon* 26) relata este episódio da vida do legislador ateniense. A sua visita a Solos vem analisada em detalhe por I. Gallo, no seu estudo "Solone a Soli", *Quaderni Urbinati di Cultura Classica* 21 (1976) 29-36.

[323] Os castigos físicos reservados aos cativos de guerra eram variados e, em numerosas situações, culminavam com a morte violenta. O caso agora apresentado entra na rubrica dos prodígios, uma vez que o facto de o crânio de Onésilo ter sido escolhido para colmeia de um enxame de abelhas foi entendido como um bom presságio para os seus captores. Na verdade, tendo o guerreiro sobressaído no campo de batalha pela sua valentia, os Amatúsios deviam reconhecer na sua captura um sinal de boa sorte. Já tivemos oportunidade de tratar este episódio com mais atenção em Soares: 2003, 139 sq. Título de referência em matéria de tratamento dos prisioneiros de guerra continua a ser P. Ducrey, *Le traitement des prisonniers de guerre dans la Grèce antique* (Paris 1968).

[324] Já reempossado no lugar de rei de Salamina do Chipre, Gorgo integrará o exército de Xerxes na batalha travada contra as forças navais gregas em Salamina, no Golfo Sarónico, no ano de 480 (cf. 7. 98).

2. diatamente em direcção à Iónia. Das cidades cipriotas, a que resistiu durante mais tempo ao cerco foi Solos. Os Persas tomaram-na no quinto mês de cerco, depois de terem minado todo o seu perímetro muralhado.

116. Os Cipriotas, depois de gozarem de um ano de liberdade, voltaram a cair novamente na servidão. Daurises, que estava casado com uma filha de Dario, Himees, Otanes e outros generais persas, também casados com filhas do rei, perseguiram os guerreiros iónios que tinham combatido em Sardes, rechaçaram-nos para junto das naus e, quando alcançaram a vitória, dividiram entre si as cidades e saquearam-nas.

117. Daurises voltou-se para as cidades do Helesponto e tomou Dárdano ([325]); dominou também Abido ([326]), Percote ([327]), Lâmpsaco ([328]) e Peso ([329]), uma em cada dia. Porém, quando deixava Peso em direcção a Pário, chegou-lhe a notícia de que os Cários, de conluio com os Iónios, se tinham rebelado contra os Persas. Abandonando então o Helesponto, conduziu o seu exército para a Cária ([330]).

118. 1. Fosse de que maneira fosse, os Cários tiveram conhecimento dessas manobras antes de Daurises chegar. Informados dos seus movimentos, reuniram-se junto às chamadas "Estelas Brancas" e ao rio Mársias, que corre desde a região da Hidríade e vai desaguar no
2. Meandro ([331]). Durante a assembleia que teve lugar nesse sítio, sur-

---

([325]) Depois de vencida a rebelião das cidades da ilha de Chipre, os generais persas partem à reconquista da região do Helesponto. Os seus alvos são algumas das principais colónias gregas. A primeira a ser referida, Dárdano – cujo nome está na origem da designação actualmente atribuída ao estreito que liga o Mar Egeu ao Mar Negro, Dardanelos –, era uma colónia eólia e situava-se na Tróade, entre Abido e Ílion.

([326]) Colónia de Mileto, sita na costa trácia do Helesponto, serviu de ancoradouro à ponte de barcos que, durante a expedição de Xerxes contra a Grécia (em 480), permitiu aos seus soldados do exército de terra fazer a travessia da Ásia para a Europa. Heródoto refere-se inúmeras vezes a esta cidade (7. 33, 34, 37, 43, 44, 174; 8. 117, 130; 9. 114).

([327]) Colónia de Samos, ficava na Propôntide.

([328]) Colónia de Foceia, era uma cidade localizada na costa da Tróade.

([329]) Colónia de Mileto, sita entre Lâmpsaco e Pário.

([330]) A distância percorrida entre Dárdano e Pário rondava os 80 km, ao passo que do Helesponto à Cária era necessário fazer mais de 350 km.

([331]) Não foi até ao momento possível identificar o lugar designado por "Estelas Brancas". Quanto à Hidríade, correspondia a uma comarca da Cária, cuja capital inicialmente dava pelo mesmo nome, mas que, a partir do século III, passou a chamar-se Estratonice. Situava-se a cerca de 25 km de Milasa, uma das cidades mais

giram opiniões diversas e numerosas, sendo que a que me parece ser a melhor é a de Pixodaro, filho de Mausolo, cidadão de Cíndia, casado com uma filha de Siénesis, rei dos Cilícios ([332]). A sua proposta era que os Cários atravessassem o Meandro de modo a travarem combate, ficando com o rio pelas costas, com a finalidade de, ao cortar-lhes a fuga, os obrigar a permanecer em campo de batalha e a superar os seus próprios limites. Contudo, a verdade é que não foi essa a estratégia que **3.** se impôs; seriam os Persas, em vez deles, a ficar com o Meandro atrás de si. Era óbvio que, se os Persas tentassem fugir e perdessem a batalha, ao ocuparem semelhante posição, não poderiam retirar-se, pois iriam precipitar-se para dentro do rio.

Assim que os Persas apareceram e fizeram a travessia do rio **119. 1.** Meandro, os Cários lançaram-se sobre eles e travaram um combate encarniçado, que se prolongou por muito tempo. Acabaram por ser vencidos devido à vantagem numérica dos adversários. As baixas sofridas pelos Persas foram de dois mil homens, as dos Cários de dez mil. Porém os que, na ocasião, conseguiram escapar, refugiaram-se **2.** em Labraunda, no santuário de Zeus da Guerra ([333]), que possui um enorme bosque sagrado de plátanos. Ao que sabemos, os Cários são os únicos que realizam sacrifícios em honra de Zeus da Guerra. Pois bem, reunidos nesse lugar, deliberavam sobre a forma de se salvarem, sobre

---

importantes da Cária, recordada em 1. 171, 6 devido ao seu templo dedicado a Zeus cário (cf. *infra*, n. 333).

([332]) A Cilícia, região sudoeste da Ásia Menor, durante o século V era governada por uma monarquia de carácter hereditário; a sua capital ficava em Tarso e cunhava moeda. O antropónimo Mausolo seria um nome de família recorrente, conforme atesta a sua atribuição à figura que, tendo governado Milasa e Halicarnasso no século IV, haveria de se tornar imortal graças ao célebre monumento funerário erigido em sua memória, o Mausoléu (sito na actual Bodrum, antiga Halicarnasso). A cidade cária de Cíndia ficava próxima de Bargília (cf. Estrabão 14. 2, 20). O facto de o nome Siénesis vir repetido mais duas vezes nas *Histórias* (1. 74, 3; 7. 98) tem levado os comentadores a colocar a hipótese de se tratar de um título e não de um nome próprio (Nenci: 322; Schrader: n. 554). Sobre a Cilícia aqueménida, vide M. Mellink, *CAH* ²IV, 226-233.

([333]) Alusão ao templo de Zeus cário, aqui identificado como Zeus Guerreiro, estatuto que se evidenciava a nível iconográfico pelo porte de um machado de dois gumes, o *labrys*. Note-se que é deste nome que deriva a toponímia Labraunda ou Labranda (situada 48 km a sudoeste de Mileto). Este local estava ligado a Milasa por uma via sacra pavimentada. Sendo os Cários um povo que apreciava cerimónias sangrentas (cf. 2. 61, 2; 3. 11) e conhecido pelos seus mercenários (cf. 2. 152, 5; 2. 154, 3; 2. 163, 1; etc.), não surpreende esta sua devoção por uma divindade com atributos bélicos.

qual das duas alternativas era a melhor: entregarem-se aos Persas ou abandonarem de uma vez por todas a Ásia.

120. Estavam eles a ponderar ambas as possibilidades, quando os Milésios, acompanhados pelos aliados, vieram em seu socorro. Perante esta nova situação, os Cários decidiram ficar e prepararam-se para começar de novo a combater. Quando os Persas os atacaram, fizeram-lhes frente; mas, apesar de terem resistido mais tempo do que na anterior refrega, acabaram por ser vencidos. Registaram-se muitas baixas sofridas entre os exércitos, mas foram os Milésios, entre todos, os mais atingidos.

121. Passado este revés, os Cários recuperaram do choque e retomaram a luta. Informados de que os Persas se preparavam para atacar as suas cidades, fizeram-lhes uma emboscada na estrada de Pédaso ([334]). Neste ataque nocturno, tanto os guerreiros persas como os seus generais, Daurises, Amorges e Sisímaces, foram mortos ([335]). Com eles morreu também Mirso, filho de Giges ([336]). O chefe da emboscada era Heraclides de Milasa, filho de Ibanolis ([337]).

122. 1. Foi esta a maneira como pereceram os referidos Persas. Quanto a Himees – ele que também pertencia ao grupo dos que haviam perseguido os Iónios que tinham combatido contra Sardes – dirigira-se
2. à Propôntide e tomara Cio, cidade da Mísia ([338]). Após esta conquista, ao saber que Daurises abandonara o Helesponto e que combatia na Cária, Himees deixou a Propôntide, conduziu o seu exército para o Helesponto e subjugou todos os Eólios que habitavam a região de Ílion, bem como os Gergites, descendentes dos antigos Teucros ([339]). E foi durante o processo de conquista destes povos que Himees morreu de doença na Tróade.

123. Este indivíduo terminou assim os seus dias. Quanto a Artafernes, governador de Sardes, e Otanes, o terceiro general, foi-lhes ordenado

---

([334]) Pédaso era uma localidade, situada próximo de Estratonice (cf. Estrabão 14. 1, 59), cuja estrada ligava o vale do rio Mársias à cidade de Milasa.

([335]) Apenas Daurises já foi anteriormente referido (*supra*, capítulos 116, 117 e 118).

([336]) Heródoto faz uma outra pequena alusão a esta personagem em 3. 122, 1.

([337]) Este Heraclides tem sido tomado por irmão do tirano de Milasa, Olíato, atrás mencionado e que fora deposto por Aristágoras (cf. 5. 37, 1).

([338]) Cio ficava na costa do golfo com o mesmo nome e devia ser uma colónia milésia.

([339]) Os Gergites, que tinham por capital Gérgis (cf. Xenofonte, *Helénicas* 3. 1, 15), devem ser uma tribo autóctone, anterior à chegada dos Gregos à Ásia Menor (cf. Ateneu, 524 a).

que fizessem guerra à Iónia e à vizinha região da Eólia. Com efeito tomaram Clazómenas, na Iónia, e Cime, na Eólia.

124. 1. Quando estas cidades caíram nas mãos dos Persas, Aristágoras de Mileto, que, como demonstrou, não era um indivíduo de carácter (pois colocara em polvorosa a Iónia e fora o autor de graves perturbações), diante de semelhantes desenvolvimentos, equacionava a hipótese de fugir. Além do mais parecia-lhe impossível suplantar o prestígio do rei Dario. Pois bem, face a estas constrições, decidiu reunir os seus 2. aliados e aconselhá-los. Dizia que convinha que tivessem de reserva um lugar para se refugiarem, na eventualidade de serem banidos de Mileto. De facto ele podia retirá-los dali donde estavam para a Sardenha, para fundarem uma colónia, ou então para Mírcino, uma cidade dos Edonos, que Histieu recebera de presente de Dario e que estava a fortificar ([340]). Estes foram os conselhos de Aristágoras.

125. Já o logógrafo Hecateu ([341]), filho de Hegesandro, propunha que não enveredasse por nenhuma dessas alternativas, mas que construísse uma fortaleza na ilha de Lero ([342]) e, caso fosse expulso de Mileto, mantivesse a serenidade, pois, mais tarde, poderia deixar a ilha e regressar do exílio.

126. 1. Tal foi o conselho de Hecateu. Porém Aristágoras tinha por melhor solução partir para Mírcino. Entregou, então, o governo de Mileto a Pitágoras, um cidadão honrado, e, acompanhado por todos os que o desejaram, fez-se ao mar em direcção à Trácia e tomou o território para onde partira. Porém, no decurso de uma expedição feita 2. na região, Aristágoras e o seu exército foram abatidos pelos Trácios, quando sitiavam uma das suas cidades e a população pretendia salvar-se mediante determinadas condições ([343]).

([340]) Cf. *supra*, capítulos 11, 2 e 23, 1. Trata-se de uma cidade trácia, próxima do monte Pangeu, rico pelas suas minas de ouro.

([341]) Cf. *supra*, capítulo 36, n. 83.

([342]) Uma das ilhas Espóradas, localizadas a cerca de 50 km a sudoeste de Mileto e por esta colonizadas.

([343]) Aristágoras morreu em 497, data que nos é possível identificar através de Tucídides, que informa que a expedição dos Atenienses contra Drabesco (em 465) teve lugar 32 anos depois destas operações de Aristágoras.

ÍNDICE

PREFÁCIO 7

INTRODUÇÃO 9

I – A TEXTURA LITERÁRIA, CULTURAL E POLÍTICA
  DO LIVRO V DE HERÓDOTO 9

  1. Plano geral 9

  2. O perfil etnográfico dos Trácios 11

  3. A revolta dos Iónios – uma campanha suicida 13

  4. A próspera democracia ateniense 26

II – AS *PÓLEIS* GREGAS: RIVALIDADES E ALIANÇAS
  (duas formas de convivência política típicas da história
  da Grécia) 33

  1. Esparta: o perfil de uma liderança (in)contestada 36

  2. Atenas: à conquista da hegemonia 47

  3. Tebas: a disputa com Atenas 51

  4. Egina: rivalidade ancestral com Atenas 53

BIBLIOGRAFIA 57

Livro V 59